互联网背景下高校思政教育研究

◎杨玉 著

湘潭大学出版社
XIANGTAN UNIVERSITY PRESS

图书在版编目（CIP）数据

互联网背景下高校思政教育研究 / 杨玉著. -- 湘潭 : 湘潭大学出版社, 2024. 6. -- ISBN 978-7-5687-1657-4
Ⅰ. G641
中国国家版本馆 CIP 数据核字第 2024GH9800 号

互联网背景下高校思政教育研究

HULIANWANG BEIJING XIA GAOXIAO SIZHENG JIAOYU YANJIU

杨玉 著

责任编辑：刘文情
封面设计：张　波
出版发行：湘潭大学出版社
社　　址：湖南省湘潭大学工程训练大楼
电　　话：0731-58298960 0731-58298966（传真）
邮　　编：411105
网　　址：http://press.xtu.edu.cn/
印　　刷：长沙印通印刷有限公司
经　　销：湖南省新华书店
开　　本：710 mm×1000 mm 1/16
印　　张：11.5
字　　数：203 千字
版　　次：2024 年 6 月第 1 版
印　　次：2024 年 6 月第 1 次印刷
书　　号：ISBN 978-7-5687-1657-4
定　　价：60.00 元

前 言

作为塑造未来社会栋梁的重要阵地，高校承担着传授知识、培养人才的重要使命，随着互联网的普及和信息技术的飞速发展，网络已经成为大学生获取信息、交流思想的重要平台。思政教育利用网络平台对大学生进行思想教育，不仅能够突破时空限制，实现教育资源的共享，还能够提高教育的互动性和针对性，使教育内容更加贴近大学生的实际需求。互联网背景下高校思政教育的优化，对于提高大学生的思想政治素质、树立正确的世界观、人生观和价值观具有重要意义。同时，它还能够促进校园文化的繁荣发展，提升高校的社会影响力和竞争力。高校思政教育方法的推广和应用，还能够为其他领域的教育改革提供有益借鉴和启示。

本书全面探讨互联网背景下高校思政教育，首先阐述互联网与高校思政教育基础，探讨互联网背景下高校思政教育的成效、问题及原因，接下来提出互联网背景下高校思政教育的方法，研究互联网背景下高校思政教育的队伍建设，分析互联网背景下高校思政教育的技术应用，最后探讨互联网背景下高校思政教育的路径。

本书注重跨学科知识的融合，将教育学、心理学等多个学科的理论知识运用到高校思政教育研究中，使得研究内容更加全面和深入。通过本书的学习，读者可以全面了解和掌握互联网与高校思政教育的发展动态和研究成果，为高校思政教育工作的开展提供有益的参考和借鉴。

目 录

第一章 互联网与高校思政教育

第一节 互联网及其与思政教育的关联

一、互联网的特征

互联网作为当今世界最为重要的信息传播与交流平台，具备多个显著特征，这些特征不仅塑造了其在现代社会中的独特地位，也深刻影响了人们的生活方式和工作模式。

第一，全球性联网。互联网最显著的特征之一是其全球性。通过互联网，无论地理位置如何，只要有接入设备，人们都可以轻松地访问和共享信息。这种全球性使得信息传播和交流变得前所未有的快捷和方便，打破了地域限制，促进了国际的文化交流和经济发展。

第二，开放性。互联网是一个开放的平台，任何人都可以自由地创建和共享内容。这种开放性为创新和合作提供了广阔的空间，使得个人和企业能够自由地发布自己的信息、产品和服务。同时，互联网的开放性也促进了信息的透明化，使得消费者能够更全面地了解产品和服务，从而做出更明智的决策。

第三，资源丰富性。互联网上储存着丰富的信息资源，包括文字、图片、音频、视频等各种形式的内容。这些资源涵盖了各个领域的知识和信息，为人们提供了便捷的学习途径和丰富的娱乐选择。通过搜索引擎、社交媒体和在线图书馆等工具，人们可以轻松地获取所需的信息和知识。

第四，实时性。互联网的传输速度快，信息的传播是实时的。无论是新闻事件、社交动态还是商业交易，都可以在第一时间得到反馈和响应。这种实时性特征使得人们能够更加及时地了解和参与到社会的各种活动中，提高了信息的时效性和价值。

第五，互动性。互联网不仅仅是一个信息传递的工具，更是一个互动的平台。通过互联网，人们可以在社交媒体上与朋友分享生活、参与在线讨论、加入虚拟社区等。这种互动性为人们提供了更多的交流和参与机会，促进了人与人之间的沟通和理解。

第六，多样性。互联网上呈现出多样的内容和服务。人们可以通过互联网观看电影、听音乐、购物、学习等，满足了不同人群的需求。同时，互联网的多样性也促进了创新和竞争，推动了各种新型服务和应用的不断涌现。

第七，跨平台性。互联网可以在不同的设备和平台上运行，包括个人电脑、手机、平板电脑等。这种跨平台性使得人们能够更加灵活地利用互联网服务，无论时刻和地点都能进行各种操作和访问。

二、互联网与思政教育的关联

思政教育是社会或社会群体用一定的思想完善思想观念、政治观点、道德规范，对其成员施加有目的、有计划、有组织的影响，使他们形成符合一定社会所要求的思想品德的社会实践活动。同时，思政教育也是高校的本科专业之一，专注于培养学生的思想政治素质、道德品质和社会责任感。

高校思政教育是高等教育的重要组成部分，它旨在通过系统的理论教学和实践活动，引导学生树立正确的世界观、人生观和价值观，培养他们的爱国情怀、民族精神和社会责任感。在高校中，思政教育不仅关注学生的知识学习，更重视他们的品德修养和综合素质的提升。

互联网与思政教育的关联，在当今社会显得尤为重要且深远。随着信息技术的迅猛发展，互联网已成为人们获取信息、交流思想、学习知识的重要平台，对人们的思维方式、价值观念和行为习惯产生了深刻影响。因此，思政教育必须紧跟时代步伐，积极应对互联网带来的挑战，并充分利用其优势，以更好地实现其教育目标。

首先，互联网为思政教育提供了丰富多样的教育资源。通过互联网，可以获取到海量的、多元化的信息，包括政治理论、历史文化、时事新闻等，这些资源极大地丰富了思政教育的内容，使其更具时代性和针对性。同时，互联网还可以提供多种形式的教育手段，如在线教育、虚拟现实、大数据分析等，使思政教育更加生动、形象、直观，提高了教育的吸引力和感染力。

其次，互联网为思政教育提供了新的传播渠道和互动方式。传统的思政教育方式往往以课堂讲授、宣传栏、报纸等为主要手段，而互联网则打破了这些限制，使得信息的传播更加迅速、广泛。通过社交媒体、网络论坛、博客等平台，人们可以自由地表达自己的观点和看法，与他人进行交流和讨论，这种互动性和参与性极大地增强了思政教育的效果。同时，互联网还可以实现个性化教育，针对不同学生的需求和特点，提供定制化的教育内容和服务，使教育更加精准、有效。

然而，互联网也为思政教育带来了挑战。一方面，互联网上的信息良莠不齐，一些错误、虚假、极端的信息可能会误导学生的思想和行为，给思政教育带来负面影响。另一方面，互联网的匿名性和虚拟性使得一些不良行为难以被及时发现和制止，给思政教育的管理和监管带来了困难。

因此，在利用互联网进行思政教育时，一要加强信息筛选和过滤，确保学生接触到的信息是真实、准确、积极的；二要加强网络道德教育，引导学生树立正确的网络道德观念和行为规范；三要加强网络监管和管理，及时发现和制止不良行为的发生，维护网络空间的清朗和健康。

第二节 高校思政教育的目标设置

思政教育是高校教育体系的重要组成部分[①]，在进行思政教育之前，教师需要对学生未来在道德素质、思想、政治素养等方面的发展进行预估，以期望获得的教育效果为基础设定教育目标。

一、高校思政教育目标设置的需求

培养社会所需要的人才是所有高校的教育目标，而做好对学生的思政教育工作是其中非常关键的一环[②]。开展思政教育的首要任务是建立一个

①亢必胜，郭朋朋，宋佳宝.浅谈高校思政教育[J].科教导刊-电子版(中旬)，2017(10).
②杨婷.以红色文化为引领，做好高校思政教育[J].教育艺术，2023(4).

适合学生发展的目标体系。

(一)符合学生发展

思政教育在学生培养和塑造中扮演着重要角色。关键在于教学目标与学生需求的关联。只有符合学生需求的教学目标才能促进学生实现和谐发展。在设定教学目标时,需要分析学生的特点和需求,并考虑现实社会情况,以确保教育目标的实践可行性。思政教育的实践指导意义在于考虑学生作为主体的需求,对学生在现实生活中的实践具有指导性意义。因此,思政教育的成功与否取决于目标设定的质量以及与学生需求的紧密关联,这有助于确保教育活动对学生的有效指导,促进其在现实生活中的全面发展。

思政教育的目标设定应以学生的利益为出发点,确保满足其合理需求,包括工作、学习和生活方面的需求。在实践中,学生能真正贯彻思政教育的目标,意识到将集体利益、公共利益作为自身的思想观点,实现社会和个人的辩证统一。思政教育目标的设定必须关注学生的实际情况和需求,促进他们在实践中积极运用所学,将理论与实践相结合,为个人和社会发展作出积极贡献。

(二)符合社会协调发展

人的本质是社会关系的总和,这意味着离开社会,个体无法得到发展。在社会中,存在着具体的人,而抽象的人只是理论上的概念。思政教育作为社会实践活动的重要组成部分,与社会发展息息相关,它塑造个体思想品质,影响社会进步。确立思政教育目标时,必须兼顾社会发展的协调性,尤其需要考虑目标是否有助于促进社会生产力的提升。中国共产党在设定中心任务和奋斗目标时,一贯考虑到思政教育与社会发展的紧密联系,这是为了确保党在引领社会进步的过程中始终朝着正确的方向前进。党的每一项决策都注重思政教育在社会发展中的角色,确保社会的整体稳定和持续发展。这种关注也体现了党对于个体和社会关系之间相互作用的深刻认识,强调了思政教育在构建和谐社会、实现全面发展目标中的不可或缺性。

各校在设定思政教育目标时,需紧密结合实际情况,满足学生现实需求。面对新问题和挑战，应积极超越现实，探索未来发展方向。目标设定需注重科学性和实效性，确保教育有效和建设性。思政教育应以追求未来、超越现实为目标，为教育改进和学生全面发展提供指导。

（三）符合教育的整体性与层次性

在设定学生思想政治教学目标时，需要综合考虑人、社会和国家等各方面的需求，涵盖世界观、人生观、价值观、人文素养、基本道德、科学精神、爱国精神等方面。这要求目标体系具有协调性和整体性，以满足多方面的要求。目标体系还应具备层次性，逐渐加深难度，引导学生逐步实现个人成长。这种层次性的目标设定有助于坚定学生的共产主义理想和信念，使他们在思政教育中逐步成长、发展。设定合适的目标体系是推动学生思政教育有效开展的关键，能够促进学生全面发展，增强其社会责任感和国家认同感。

二、高校思政教育目标设置的原则

（一）系统性原则

系统性原则在制定思想政治教学目标时扮演关键角色，它将目标体系看作一个整体，引导学生逐步实现整体目标。这些目标以系统、完整、平衡等特征为基础，系统性意味着各个要素按照一定联系方式有机地结合在一起。教学目标按照逻辑将多个子目标集合起来，每个子目标都具有规定性和特殊性。这些子目标相互关联、相互渗透，形成了完整的思政教育目标，各自的特质共同发挥作用，实现整体目标的达成。

教育目标具有预期性，是对未来可能产生结果的预判。在设定思政教育目标时，必须全面考虑，面向全体学生。必须提出科学的思想政治体系，并以此为基础确立统一的目标。具体要求包括：

第一，社会、学校和家庭需共识，形成良性机制，为学生全面发展创造良好氛围和条件。这种共识和机制的建立促进学生的全面成长。

第二，教师应关注学生的道德水平，意识到道德品质的发展具有阶段性。实现目标不是一蹴而就的，需要长时间和大量精力。在教育过程中，理解并接受道德发展的阶段性表现，以及坚持耐心和持久的努力，是至关重要的。

（二）层次性原则

层次性原则是根据学生的思想状况和发展需求确定思想政治教学目标的重要原则。这一原则在实践中具有科学性，学生在生存环境、接受能力、性格、道德品质等方面存在差异。这种个体差异的考量使得因材施教成为可能，确保每个学生的能力得到充分发挥。在思想政治教学中，除了个体差异外，也需要考虑学生的思想现状，确保目标的针对性和实用性，更好地指导和影响学生的思想发展：

第一，以实践为基础。通过了解学生在认知、思想和身心方面的实际状况，为不同层次的学生设立有针对性的教学目标。

第二，注重整体规划。确立统一的思想政治教学目标，重视目标的先进性和现实性，以促进学生全面成长和发展。

第三，创设民主和谐环境。营造有利于学生全面和个性化发展的民主和谐氛围，让每个学生都能得到充分的关注和支持。

（三）现实性原则

现实性原则在教学中扮演着重要角色。它强调学校在制定思想政治教学目标时应当以实际情况、条件和需求为依据，贯彻实事求是的思想路线。这种原则与党的核心思想路线一脉相承，都秉持着实事求是的原则。现实性原则体现了对客观事物和规律的探索与研究，代表了实践和求知欲的结合，是教育活动的必由之路。坚持现实性原则能够帮助明确教学目标，提升教学的针对性和实效性。这一原则的贯彻是教学中不可或缺的要素，它使得教育更贴近实际，更具有指导性，为学生提供了更加有效和实用的教育。

第一，思政教育需要深入实际研究，以了解时代特征和精神。将时代精神融入教学目标，培养学生的开拓和创新精神。这种方法使得思政教育避免了主观性和盲目性，具有更强的实效性和指导性意义。

第二，将实践与理论统一，是教育的重要原则，旨在实现认识和实践、主观和客观的统一。这种统一不仅能让教学目标更贴近时代精神，也能引导学生适应时代的要求。此举还有助于激励学生，使他们在困难中保持奋斗精神和努力,提升自信和积极性。

第三,社会与时代不断演进,学生的思想也随之变化。思政教育的目标必须与时俱进,随时根据现实情况作出调整。重要的是以发展的角度审视社会变迁和学生思想的演变。

三、高校思政教育目标设置的内容

(一)培养合格的社会主义建设者

1.社会责任感

社会责任感是社会主义建设者必备的素质,它揭示了个体与社会之间的紧密联系,还承载着地域发展的社会使命和职责。作为一种道德情感,社会责任感要求社会主义建设者在面对国家、集体和他人时承担起应有的责任。在社会与个人的关系中,彼此相辅相成,人无法脱离社会,而社会也由人组成,体现了彼此间关系的紧密性。社会责任感不仅是个体道德的表现,更是推动共同利益实现和社会发展的道德取向。这一理念凸显了个体与社会相互依存的实质,彰显了个人在社会中的重要性,为构建和谐稳定的社会关系提供了根本保障。

在教学实践中,教育工作者应遵循多项原则:①引导学生处理好个人、集体和国家的关系,培养学生正确的价值观,强调国家和民族利益的优先性,实现个人与国家的统一发展。②重视学生的奉献精神,引导学生以大局为重,将集体利益放在首位,从而培养他们为社会繁荣发展贡献力量的意识和行动。③培养学生的集体主义观念,教育学生根据社会需求调整行为和态度,发挥集体力量,助力个人事业的成功。④注重勤奋好学和爱岗敬业的精神,促进学生在学业和工作中的进步和成长。⑤培养学生的诚信与团结等品德,教育学生树立公平、诚信、友善、热爱集体的观念,以促进社会的和谐稳定发展。

在大学教育中,教育工作者的任务不仅是传授知识,还包括培养学生的社会责任感和公民意识。这需要以下关键点的注意:强调学生主人翁意识,让他们明白权利与义务之间的密切关系,懂得自觉履行义务、享受权利的重要性;教育学生理解责任等同于义务,鼓励他们为国家利益而努力,从而树立起坚定的国家意识和责任感;引导学生理解民主与法治的关系,教育他们尊重法律、维护合法权益,促使他们成为守法公民;增强学生的参与感,鼓励他们积极参与社会建设,培养他们对社会的责任感和使命感,从而成为具有社会责任感的公民,为社会进步和发展做出贡献。

教育工作者应充分利用自身的资源和影响力,引导大学生意识到个人的社会责任。这种责任不仅来自社会,也是时代赋予的使命。大学生是否具备社会责任感,直接决定着国家和民族的兴衰。教育工作者在引导学生认识到社会责任时,应认识到这种责任的重要性,它不仅关乎个人的成长,更关系到整个国家和民族的前途。

2.创新性思维

社会主义建设者需要具备创新思维、创新精神和创新能力,这在知识经济时代尤为必要。现代社会主义建设者除了传统技能外,还应具备创新性思维,以应对新的挑战和机遇。

在中国转型时期,科技创新的重要性愈发突显,直接关系到国家的发展主动权。高校作为人才培养的核心基地,肩负着培养创新人才的重要责任。创新能力不仅对国家发展至关重要,也是大学生个人成才的不可或缺条件。当代大学生是否具备创新思维、能力和意识,直接决定着他们是否能够成为合格的社会主义建设者。创新在雕塑未来社会主义事业的建设者中扮演着不可或缺的角色,为国家的繁荣和进步注入了源源不断的活力。

(1)要培养想象力,个体需要改变思维方式,摆脱固有模式,并鼓励创新。增强想象力的一种方法是通过创新思维模式。这些模式包括形象、联想、灵感、模糊、回溯、逆向、发散、聚焦、相似剩余等。这些方法能够激发个体的创造性思维,促进新颖想法的涌现,促进创新性发展。

(2)激励学生积极参与创新实践,促进实践能力和创新思维的培养。鼓励学生持之以恒,注重专业知识的学习。倡导学生积极参与课外调研,扩展知识面,培养自我创新意识。

(3)在培养学生想象力方面,教师应助其跳出现实限制,拓展思维领域。想象力不仅让人能在心灵中塑造新形象,更能指引思维探索未来。这种能力贯穿创新全过程,是创造的灵魂。为了激发学生的想象力,教师需尊重其个性,丰富其生活经历,创造多样的学习环境。这种方法能够唤起学生内在的创造力,鼓励其勇于探索、尝试,培养出具备创新精神的新一代。

(4)培养创新意识需要学生拥有创新精神。这种精神涵盖了敢于思考、动手、想象、创新、标新立异的勇气。学生还应当具备明确的目标、坚定的意志以及正确应对困难的态度。

(二)促进学生实现个体全面发展

思政教育目标体现为德、智、体、美的全面发展,通过德、智、体、美教育实现学生全面成长。

1.促进学生德育发展

德是学生全面发展中不可或缺的组成部分,包括道德和品德。要培养德,教育工作者需有目的、有计划、有步骤地组织活动。学生通过积极认识和实践,形成满足社会需求的道德品质。优良的品质符合社会发展方向,保障个人身心发展,促进智力、体型和心理承受力的提升:

(1)在思想政治方面,德育的实施可以激发学生的爱国情怀,树立起民族自尊与自信,培养他们维护国家荣誉和民族团结的意识。教育工作者致力于培养学生全心全意为人民服务的思想,使其深刻理解服务人民的重要性。在思想观念上,学生被引导支持党的领导,坚持中国特色社会主义道路,以及理解实现中国梦的重要性。德育还旨在塑造学生正确的世界观,使其形成独立的方法论,深入了解国家的政治、经济和文化。教育工作者努力培养学生的法治观念,教导他们遵纪守法,自觉履行各项义务,以建设一个和谐、法治的社会。

(2)德育在培养个性品质和能力方面发挥着重要作用,引导学生树立开拓、平等、团结、创新等与社会发展相契合的理念。通过德育培养,学生获得分析社会现象、判断事物性质、处理社会问题的能力。德育塑造的学生通常具备自律、自强的品质,以积极、健康的心态对待事物。他们内心深处满怀成就感和荣誉感,拥有强大的心理承受能力,能够迅速适应困难和失败的挑战。

(3)德育教育帮助学生深入理解个人与集体、社会、国家、民族之间的关系,培养他们强烈的集体意识和责任感。通过教育,他们学会遵纪守法,热爱劳动。德育还注重个人品德的培养,要求学生坚持诚实守信、勤劳谦虚、乐于助人、尊重他人、礼貌待人。学生要学会抵制不良社会风气,并严格遵守学校规章制度,以全面提升道德素质和培养文明习惯。

2.促进学生智育发展

智力和才智指的是向学生传授文化知识和技能。教育工作者采用有目的、有计划、有组织的方法进行传授。在社会实践中,智慧是支持学生完成实践任务的关键。在生活中,人们常以智慧为标准,判断学生是否符合国家有用人才的要求:

(1)在系统科学知识方面,一个能够满足社会需求的学生须具备合理的知识结构。他们应有深厚的专业知识储备,这是基础。他们还需要广博的知识面来补充专业知识,包括人文社会科学知识、自然科学知识和其他专业知识。人文社会科学知识涵盖哲学、经济学、政治学、法学、文艺学、伦理学等学科的理论与方法,这些知识提供了广泛的视野和深刻的理解力。自然科学知识则涉及与自然界物质形态有关的结构、性质、规律等,是总结自然界经验的成果。这些知识帮助学生理解和应对自然现象。专业知识具有相对稳定性,指那些从事某些专业所必需的理论和知识。学生应不断拓展自己的知识领域,提高人文素质和科学素质,才能适应不断变化的社会需求。学生需要深入掌握专业理论基础和应用技能,这不仅使他们在专业领域内具有竞争力,还能更好地应用所学知识解决实际问题。通过这样的全面发展,学生才能真正成为符合国家有用人才标准的人。

(2)学生需要具备多种基本技能,包括学习技能、操作技能和社会活动技能,这些都是从事专业工作所必需的基本技能技巧。提高学生的创新和实践能力尤为重要。创新意识与创新能力是判断学生是否符合高素质人才标准的关键,也是他们赢得未来竞争的关键因素。要做到学以致用,学生必须使思考能力和动手能力相匹配。他们才能在实践中发挥自己的能力,全面提升自身素质,符合社会对高素质人才的要求。

(3)在发展智力方面,学生须具备良好的观察能力、想象能力、形象思维能力和创造能力,并提高自学能力和问题解决能力。拓宽视野,发挥志趣和特长,培养实事求是、独立思考的科学态度,激发不断追求新知识的精神,从而全面提升综合素质。

3.促进学生体育发展

学生的全面发展离不开身体素质教育,通过身体练习传授知识、技术、技能,提升其身体素质。健康身体不仅是全面发展的基础,也是智力发展的前提,学生的身体素质存在先天差异。拥有健康的体质使学生能更好地为社会服务,而这种健康的体质也被视为中华民族生命力的显著表现。身体健康不仅关乎个人发展,更关系到民族的生命力和未来发展:

(1)为确保学生拥有良好的身体素质,教育工作者需要有意识地引导他们实现身体机能的正常发展。这需要有计划地组织身体素质培养活动,有目的地指导学生采用多种方式方法来实现这一目标,以支持他们的生产和生活活动。学生需要具备基本的体育锻炼技能,包括掌握体育锻炼的方法、技巧和技能。教育工作者应该培养学生形成自觉锻炼的习惯,将体育锻炼融入日常生活之中,使其受益终身。

(2)学生需要充实的保健知识,以培养良好的卫生习惯。这包括了对身体健康的基本了解,以及预防疾病和保持良好生活方式所需的信息。这一方面的努力有助于建立学生对自身健康的自觉性和责任感。另一方面,在日常生活中坚持良好的保健习惯和卫生习惯对于学生的全面发展至关重要。这包括定期的个人卫生习惯,如刷牙、洗手,以及培养良好的饮食和睡眠习惯。通过养成这些良好的生活习惯,学生能够提高身体免疫力,减少疾病的发生,并提高学习和生活的质量。

4.促进学生美育发展

美作为一种审美观,对学生的全面发展至关重要。教育工作者通过审美教育,帮助学生理解、欣赏、创造美,培养其欣赏美的能力。通过这样的教育,学生能更好地面对生活中的各种艺术和美的事物,提升他们的审美素养,促进其全面发展:

(1)辩证唯物主义文艺观的启发提升了学生的审美理念和分析能力,培养了他们丰富的想象力,使其能敏锐感知现实与艺术之美。学生能够独立评判真善美与假恶丑,最终达到更高层次的美感体验。

(2)学生审美能力的提升依赖于对各种艺术基础知识的掌握,这有助于正确理解和欣赏美。他们能够自主地对美的事物展开分析与评价。艺术知识的丰富可以进一步增强学生对美的认知能力。学生强烈的艺术兴趣也对美的认知能力产生积极影响,加深他们对艺术的理解和欣赏。

(3)在审美实践中,学生不仅要培养欣赏美的兴趣和理解能力,还要具备创造美的能力与兴趣。他们应该养成保持环境整洁、清洁、美化的良好习惯。通过在学习中感知美,在生活中创造美,学生能够勇于用各种艺术形式表达美。他们应形成健康的兴趣和爱好,利用美观察和建设生活,追求心灵、语言和行为上的美,以培养高尚的情操和健康的人格。

在学生的全面发展中,德、智、体、美各方面扮演着重要的角色。德作为思想基础,引导学生的成长与发展。智提供科学知识与智力基础,促进学生的综合发展。良好的身体素质为全面发展提供了物质基础,是生理保证。美不仅在外在美学方面推动学生发展,更在内在心理层面发挥作用。思政教育的目标在于通过德、智、体、美的培养,塑造德智体美全面发展的新时代人才,以满足社会的需求。这些方面共同构成了学生全面发展的基础与保障,为其未来的成功奠定了坚实的基础。

第三节 高校思政教育的价值实现

思政教育价值作为一个系统,如果结构失衡,必然会影响功能的发挥,从而影响教育的效果[①]。思政教育的价值结构涵盖了各种价值目标、理念和原则的相互关系,体现了其价值系统的搭配与组合。

一、高校思政教育社会价值的实现

社会价值是思政教育,通过传授教育内容,逐渐将社会文化、政治及经

①王丽.思政教育价值结构失衡及对策探讨[J].湖北社会科学,2017(7).

济建设通过教育而积极地构建起来,从而让思政教育获得客观存在的社会价值的途径。社会主义和谐社会构建与高校思政教育价值实现有着辩证统一的关系[①],思政教育通过影响社会的文化、经济和生态现象,展现出对社会各方面的价值,体现了其社会价值形态。

(一)社会经济价值

思政教育活动通过创造经济价值来促进社会发展和经济增长,满足人类的精神和物质需求。将经济建设作为思政教育的中心,有助于实现这一目标。通过正确的理论指导,思政教育能够保证社会主义的发展方向,为经济建设提供动力。这种教育不仅支持经济发展,还在满足人类需求的过程中发挥关键作用。

1.确保市场经济的发展方向

在社会主义制度下,市场经济是市场机制和社会主义制度的结合体。社会主义市场经济的发展对市场经济本身具有重要意义。正确的思政教育是确保市场经济朝着社会主义方向发展的关键。通过教育,人们能够认识到经济制度的必然性和合理性,培养出规范意识和正确的效率观念,从而推动经济建设。教育不仅是传授知识,更是引导人们树立正确的思想观念,促进社会各方面的发展。这种教育能够让人们意识到社会主义市场经济的优越性,并在行动中积极投身于经济建设之中,从而为社会主义发展提供持续的动力。思政教育的目的不仅在于塑造个体的思想,更在于引导整个社会的思维模式,推动社会主义制度下市场经济的健康发展,确保市场经济与社会主义核心价值观相辅相成。通过正确的教育引导,人们能够理解和认同社会主义市场经济的重要性,自觉地将个人行为融入社会主义经济建设的大局中,推动经济的稳步发展。

2.推动社会发展的精神动力

思政教育作为社会发展的内在精神动力,深刻影响着人们的观念和行

①汤恺.论和谐社会构建与高校思政教育价值的实现[J].学校党建与思想教育(高教版),2008(7).

为。在生产领域,人是主力,是推动生产力发展的主要力量之一。当代中国以发展为首要任务,意味着科技进步和劳动者素质的不断提升至关重要。特别是人才的培养和利用,成为促进生产力和社会进步的关键因素,只有全面发展人才,使其成为先进劳动者,才能有效地推动生产力的进步和社会的发展。思政教育的作用不仅在于引导人们正确的思想,更在于培养人才、提升素质,以此推动社会生产力和经济发展的不断提升。

劳动者的全面发展涉及多个方面的素质。他们需要具备先进的劳动技能和科学文化基本素养,这是直接体现在劳动者身上的要素。劳动者的道德品质和思想政治素养虽然不直接可见,但通过直接和间接的方式反映到生产力上。劳动者的社会责任感和事业心也是至关重要的,它们作为非智力因素,对提升劳动者的精神动力具有重要影响。这些因素共同构成了劳动者素质的综合体,对于推动生产力发展和确定其方向具有深远意义。

思政教育对个体的品德和政治素质的塑造有着直接的作用。通过教育内容的灌输,劳动者的创造性和积极性被唤起,为生产力的发展提供了源源不断的动力。这种教育也对社会结构产生了深远的影响,通过促进生产力的发展,使得生产关系得以与时俱进,更好地适应现代社会的需求。在改革的过程中,难免会遇到各种挑战和风险。中国特色社会主义的发展道路为改革者提供了坚实的信心和动力,鼓励他们积极投身改革运动。正是这种信心和动力的支撑,推动了人们全力以赴地参与到改革中,从而促进了生产力的进步和解放。

3.提供社会经济的发展环境

国家的经济增长不仅仅是数字上的增长,更重要的是它保障了国家为人民提供经济商品的能力。这种能力的实现取决于技术的进步和意识形态的完善。经济的蓬勃发展离不开对思想意识的支撑。全球经济的变化不仅影响着人们的生产生活方式,也在潜移默化中影响着他们的思想观念和价值观念。在这样的背景下,新思潮的涌现会深刻地影响着国家的意识形态。必须严格审查意识形态宣传教育,以免新思潮的出现干扰了意识形态教育,从而影响社会主义现代化国家建设的进程。意识形态始终为统治阶级服务，其教育更是思政教育中至关重要的一环。维护国家意识形态的稳定和纯洁是当前和未来发展中不可或缺的任务之一。

社会的稳定与和谐是社会环境长足发展的关键。思政教育通过意识形态教育创造了良好的社会舆论氛围和精神氛围，为社会的稳定与和谐提供了有力支持。这种社会稳定也促进了良好的社会风气的形成，推动了市场经济的健康发展。思政教育使学生能够以辩证全面的态度看待经济问题，并树立起科学发展观念，为经济和社会的可持续、科学发展奠定了基础。在思政教育的教学内容中，总结出了方法论和指导思想，帮助人们逐步形成对经济进步的正确认识。这样的教育助力着人们逐渐形成良好的社会心理环境和道德环境，为社会的长期稳定和健康发展提供了有力的支持和保障。思政教育在塑造社会发展的过程中扮演着至关重要的角色，它的作用不仅体现在个体意识形态的塑造上，更关乎整个社会的稳定和可持续发展。

（二）社会文化价值

思政教育在满足人民文化需求、促进文化发展方面具有重要价值。作为社会意识形态的关键组成部分，它是不可或缺的，是需要实践的文化活动。特别是在高校，思政教育的文化价值更为显著，主要体现在促进社会主义文化发展、增强国家软实力、建设文化强国等方面。通过这种教育，可以培养学生的文化素养，提升他们的国家意识，为社会主义文化事业的推进提供坚实支持。

1.促进文化的选择

思政教育在文化选择方面展现出双重作用，即正面的选择和反面的排斥。正面选择体现在吸收积极的文化，筛选与思政教育价值观相符的内容，丰富教育内容并持续弘扬。反面排斥则针对与思政教育导向不符的内容，抵制有害的劣质文化，以此推动思政教育的发展。这种双重作用促进了思政教育的进步与完善。通过积极吸收和持续弘扬符合其价值观的文化内容，对与其价值观不符的内容进行排斥，思政教育得以不断发展壮大。这一过程不仅推动了教育内容的更新与优化，也为思政教育的有效实施提供了坚实基础，促进了整个社会的健康发展。

文化的重要性体现在其包括主流和非主流形式,并对社会发展起着重要作用,但也存在着糟粕。无论文化呈现何种形态,只要与思政教育目标一致,就应该积极选择和吸收,促进其积极发展。对于与思政教育背道而驰的消极文化,应坚决抵制或批判,以维护教育的纯洁性和先进性。我国社会主义文化的繁荣和发展与思政教育的推动密不可分。思政教育在文化发展中扮演着关键角色,通过积极选择和吸收符合其目标的文化,以及抵制消极文化,有助于保持教育的纯洁性和先进性。这种做法推动着我国社会主义文化的繁荣与发展,从而促进社会的进步和稳定。

为了建设文化强国,思政教育应不断取长补短,筛选吸收各种文化中的有利内容。对中华传统文化应进行批判性继承,对西方文化应具有批判性创造和理性借鉴的能力。通过科学鉴别、分析和筛选各种文化现象和因素,实现文化的继承和利用。思政教育应以开放的姿态面对各种文化,积极吸收传统文化的精华,对其进行批判性继承;在借鉴西方文化时,应保持批判性思维,加以创造性转化和理性借鉴。这种方法能有效实现各种文化因素的继承和利用,为我国的文化建设提供强有力的支持。

2.促进文化的传播

人们的政治观点或思想观念等具有文化特征,这种传播称为文化传播。思政教育通过广泛传播社会主流的文化教育,培养公民具有社会化的思想道德意识。这种教育模式有助于塑造公民的政治观点和思想观念,促进社会的稳定和发展。

高校思政教育是一项传递思想观念、政治观点、道德规范的文化传播过程。这种特殊的文化传播方式同时也是一个过程。通过思政教育,学生接受主导社会文化发展的价值观,养成符合社会发展需要的行为习惯,并塑造符合社会发展观念的政治态度、观点、信仰、情感。高校思政教育以特殊的文化传播方式引导学生形成符合社会发展需要的态度和行为。在这个过程中,教育与学习相互交融、相互影响,共同构成了思政教育的完整过程。这一过程不仅是知识的传授,更是对学生全面发展的培养,促进了他们的社会责任感和参与感,有助于培养具有创新精神和社会责任感的人才,推动社会进步和文明发展。

3.促进文化的创造

思政教育通过文化创造,引导文化发展朝向符合其方向。文化是民族的灵魂,承载着民族认同和国家认同,同时是凝聚力、创新力和发展力的基础。在全球化背景下,市场竞争已超越经济,转变为文化之争。思政教育在塑造和引导文化发展方面扮演着至关重要的角色,以确保文化的符合性和民族的独特性。

思政教育在社会发展中扮演着多重角色。它对培养创新型人才和激发人民群众参与社会建设至关重要。教师在传授思想政治观念时,紧密结合社会实际,吸收并传播优秀文化,同时抵制落后思想,确保与社会主义核心价值观一致。思政教育的丰富理论知识内容和完善文化体系也对社会文明发展起到积极推动作用。最重要的是,它在教育学科中独具特殊性,不仅影响人们的生活方式和价值观念,还能促使行为习惯的改善,进而更新人类文化结构。思政教育为社会主义核心价值观的传承与创新提供了坚实基础,同时在推动人才培养、社会建设和文化发展等方面发挥着重要作用。

二、高校思政教育集体价值的实现

思政教育价值实现理论中的集体价值实现理论扮演着至关重要的角色,它不仅连接了社会和个体价值的实现理论,而且构建了一个完整的理论体系。集体价值实现理论在思政教育中发挥了关键作用,推动了社会和个体价值的统一实现,为价值实现理论提供了完善的框架。

在高校思政教育中,集体作为有组织、有目的的人的聚集体,具有自身的价值追求。思政教育集体价值实现的关键在于如何满足集体的这种追求。这一问题对于高校思政教育至关重要,值得深入研究和探讨。通过理解并满足集体的价值追求,可以促进集体的发展,增强集体凝聚力,推动高校思政教育事业的不断发展。

第一,集体价值实现是多位成员的需要得到满足的过程。集体由多个成员组成,多个成员的集合便组成集体,无数个集体便组成社会。在思政教育价值实现的过程中,每个集体成员都在不同程度上接受思政教育,都通过接受教育使自己的思想意识得到提升，并参与思政教育集体价值的实践活动。因此，集体价值的实现是多数成员思想政治品质得到提升，教师所灌输的思想政治能够满足集体每个成员的思想品质需求。集体价值的实现应从多数考虑，而不是从某一个个体的角度看待。

第二，集体价值实现是一种满足关系。在这种关系体系中，思政教育具有满足价值主体需要的属性和功能。思政教育致力于提升人们的思想政治品质和素养，以实现个体内在需要和集体的价值需求相匹配。因此，思政教育是一种满足关系的实现途径，可以让集体成员在充分发挥个人主体能动性的情况下，真正融入集体，契合集体价值，实现个体价值与集体价值的和谐统一。

三、高校思政教育个人价值的实现

个体价值的实现是相对于社会价值和集体价值的实现而言的。个体价值的实现是指思政教育对个体需要的满足，个体价值实现的核心是实现人的全面发展。个体既包括教师个体，又包括学生个体。

（一）教师个体价值的实现

在思政教育价值实现的过程中，思想政治教师个体价值实现是指对教师个体成长、发展的需要的实现，或者说是满足对教育个体成长和发展的需要。

1.教师个体成长

（1）满足教师个体学习和素质形成的需要。教师的个体价值是通过教师教书育人造福社会来体现的。教师之所以能教书育人，是因为教师具有两个特质：具有高尚的师德和过硬的业务技能。教师是教育之本，是教学的主体。教师主体性的发挥是高校思政教育价值实现的基本条件[①]。师德的养成和技能的获得，都离不开思政教育。

第一，思政教育满足了教师学习需求，重视意识形态塑造，关注精神需

---

①张震环．教师主体性与高校思政教育价值实现[J].继续教育研究，2012(8).

求。特别是在个体价值实现过程中,其作用更为显著,促进个体在学习、思想认同和精神满足方面的全面发展。具体而言,思政教育满足了教师主体自身素质提高的需要。这一需要是思政教育发挥其育人功能来实现的。通过思政教育,培养和提高了教师的素质,习得扎实的文化基本功。这样既改造了主观世界,又提高了认识世界和改造世界的能力,促进了教师个体“德、智、体、美、劳”的全面发展。这样,思政教育满足了教师学习的需要,为教师个体进行教书育人的工作奠定了坚实的基础,掌握了教书育人必备的专业技能,具备了担当教育重任的本领。

第二,思政教育满足了教师个体良好思想素质形成的需要。良好品质的形成是教师必备的也是首要的素质。教师良好品德的习得和养成,不是生而有之而是后天思政教育的结果。思政教育实现了教师成长过程中学习科学文化、专业技能的需要的目标。同样的道理,教师良好品德的习得和养成仍然需要思政教育来实现。

(2)满足教师个体工作的需要。“学以致用”,古人早就论述了学习与实践的关系,学习就是为了很好地工作。作为教师,通过一定阶段的学习之后,必定要参加教书育人的工作。那么,对思政教育个体价值实现而言,如何使教师更好地工作是一个值得深思的问题。教师主体,是受社会或者组织的正式委托专门从事思想政治工作教育或者进行科学研究的人员他们为了实现一定阶级或者群体的政治目的或者经济利益而对学生主体有目的、有意识、有计划地施加政治思想影响的社会实践活动。具体地讲,思政教育要培养教师从事教育工作优秀的思想品质、良好的心理素质、扎实的业务素质等。

第一,培养教师从事工作的优秀品质。具有良好的职业道德素质,也就是要求教师敬业爱岗、为人师表,具有良好的世界观、人生观、价值观、道德观。思想政治上坚持党的路线、方针、政策,拥护党的决定。行动上坚持实施科教兴国和人才强国战略。

第二,培养教师从事工作的良好心理。教师在塑造教育对象心理成长的过程中扮演着关键角色,他们的言行举止直接影响着教育对象。教师引导教育对象的心理素质养成,成为其心灵成长的导师。由于教育对象常以教师为榜样,教师的品质和行为对其心理构建至关重要。教师的心理素质应当受到高度重视，以确保他们能够对教育对象产生积极的影响，促进其心理发展和素质提升。因此，要把教育对象培养成思政教育价值实现所希望的价值客体，教师就必须具备良好的心理素质：①保持相对的稳定性心理状态；②心理空间要有较强的承受张力。

第三，培养教师从事工作的扎实业务素质。具有扎实的基本功，精湛的工作技巧与育人艺术，是思想政治教师个体价值实现的金钥匙。这对21世纪的教师个体工作素质提高提出了更高的工作要求。

2.教师个体发展

发展，从哲学上理解是事物朝着好的方向运动，不断量变，当到达一定程度转化成质变。教师个体价值的实现除了满足教师个体学习和品德形成的需要外，也必须满足教师个体价值发展的需要。具体从以下两个方面入手：

(1)满足教师个体专业知识发展的需要。满足教师个体专业发展的需要是思想政治教师个体价值实现的重要性内容。教师的任务是教书育人——完成党和国家赋予的为社会主义培养接班人的光荣使命。为了完成这一使命，教师首先必须具备一定的知识水平，还要注重发展自己的专业水平，比如思政教育学原理、思政教育学、思政教育心理学等为了达到这一要求，思政教育要教育教师必须用发展的眼光对待自己的职业，不断学习、不断进步，注重专业知识积累，不断更新。

(2)满足教师个体品质提升的需要。教师是一个使人向善的职业，要使学生的思想品质符合一定社会的要求，教师仅靠原有的品质修养不能满足学生日益增长的品质形成和发展的需要。为了解决这一实际需要，最好的办法就是对教师进行思政教育，比如对学生进行爱国主义教育。如果教师不及时加强思政教育，不及时提升自己的思想政治品质水平，就不能满足对学生进行教育的需要。同时还要加强对党的路线、方针、政策的理论品质修养。只有加强思政教育，才能满足教师个体品质发展的需要。

(二)学生个体价值的实现

思政教育主体价值的实现除教师个体价值实现外，还包括学生个体价值的实现。学生个体价值的实现，使学生在政治、思想、智能和道德方面都显著提高，得到了全面的发展。

1.学生的政治素质

政治素质涵盖立场、信念、态度和水平。思政教育是提升政治素质的核心途径，需从多方面入手。着力培养政治立场、信念，提升政治水平。思政教育应重点关注学生的政治信仰和态度，促进其政治水平的提升：

(1)政治立场决定态度和行为方式，思政教育价值的实现依赖于坚定的政治立场。教师应站在无产阶级立场上，忠于党和人民，全心全意为人民服务。坚定的政治立场具体表现为服务社会主义现代化建设，拥护并模范地贯彻执行党的路线、方针和政策。教师应始终坚持服务社会主义现代化建设的方向，他们需要拥护并积极宣传党的政策，成为模范执行者。教师要坚持科学发展观，具备为中国特色社会主义事业献身的精神，这样才能在教育实践中真正体现和实现思政教育的价值。坚定的政治立场是思政教育价值实现的基础。教师应忠于党和人民，服务社会主义事业，保持与党中央一致，践行科学发展观，以此实现思政教育的价值。

(2)思政教育的最高价值在于使学生具有坚定的政治信念。政治信念是个人安身立命之本，是中国特色社会主义事业的灵魂。共产主义理想信念为学生提供不竭动力和正确发展方向。政治态度是教师个体对某一对象的立场和反应。坚定的政治信念和正确的政治态度是思政教育的重要目标，这为学生提供了动力和方向，有助于中国特色社会主义事业的发展。

政治态度是教师对某一对象的评价和行为倾向，影响着立场的坚定性。坚定的政治立场依赖于坚定的政治信念和政治态度。教师对党的路线、方针、政策的态度要求是学习、理解、宣传，并以行动体现。教师应抵制不良政治态度，同不良现象作斗争。坚定的政治信念和态度是巩固政治立场的关键。教师应积极理解并宣传党的政策，通过实际行动体现自己的政治立场，抵制和斗争不良政治现象，从而巩固其政治信念和立场的坚定性。

(3)政治水平指的是教师在辨别是非、政治警惕性以及正确运用客观规律进行学习的能力的高低。政治水平的高低主要取决于思政教育价值的实现程度以及马克思主义理论修养水平。学生需要加强党的理论学习和提高马克思主义理论修养,以提升较高的政治水平。具体要求包括:具备较高的马克思主义理论水平,能够运用其世界观和方法论分析并解决问题,具有敏锐的政治嗅觉和高度的政治警惕性。思政教育通过加强党的理论学习和马克思主义理论修养,提升学生较高的政治水平,使其具备分析和解决问题的能力和高度的政治觉悟,提升其辨别是非和政治警惕性。

2.学生的智能素质

智能是思政教育中个体价值实现的重要个性心理特征,是全面开发和培养个体人才的基本因素。智能主要包括智力和能力两方面的素质。在思政教育过程中,必须同时重视学生的智力素质和能力素质的开发。只有这两种素质一起开发,才能满足学生个体价值实现的需要。这种双重开发策略确保了个体能够充分发挥其潜力,实现个人价值与社会需求的统一。

(1)智力素质是在思政教育价值实现中表现出来的各种能力,包括观察能力、注意能力、记忆能力和思维能力。智力素质是掌握知识和顺利完成活动必不可少的条件和一般能力。具有良好智力素质的人被称为聪明,他们能够更有效地实现个体价值。这些能力的全面开发对于个体在思政教育中的成功至关重要:

第一,观察能力是通过感觉器官进行有意识、有计划的知觉活动,以捕捉事物的典型和本质特征。在个体价值实现中,培养观察能力对于获得感性材料和收集基本信息至关重要。为此,有几项培养策略:明确观察目的,将注意力集中在实现主题上;进行精细观察,关注新现象,避免视而不见;要敏于观察,以敏锐的感知力认识思想品质的变化,深刻理解事物的本质。通过明确目的、精细观察和敏锐性,个体可以有效提升观察能力,这对于实现个体的价值具有重要意义。

第二,注意能力是指大脑通过感觉器官对客观事物和信息进行集中和选择的能力。这种能力在个体的成长过程中至关重要。良好的注意力与学习品质相辅相成,对于取得良好的学习成果至关重要。在个体价值实现的过程中,注意力的重要性更为凸显。良好的注意力有助于个体获取必要的思想政治品质和相关知识,为实现个体价值奠定基础。为了培养这一关键能力,创造良好的学习环境至关重要。这种环境能够促进个体注意力的集中,为学习和成长提供有利条件。提供适当的思政教育内容也是关键所在。这些内容应该具有吸引力,能够引起学生的兴趣和注意,从而使他们更加专注于学习和体验。在个体价值实现的道路上,全面开发和培养注意力是至关重要的。只有通过创造良好环境和提供相关内容,才能有效地促进个体注意力的培养,从而为实现个体的价值做出积极的贡献。

第三,记忆能力是大脑对经历过的信息进行储存和再现的能力,相当于知识的仓库。在思维活动中,记忆能力起着特殊的储存信息作用,为思维提供原料。全面培养良好的记忆力对于学生接受、回忆和转化知识至关重要。加强记忆力的锻炼至关重要,包括明确学习目的和充分理解材料。提高对记忆内容的兴趣,并让多种感官参与记忆活动,也是有效的培养策略。全力开发和培养学生个体的记忆力对于知识的接受和转化至关重要。通过加强锻炼、提高兴趣和多感官参与,可以有效地提高记忆能力,为个体的学习和发展提供有力支持。

第四,思维能力是指借助言语间接地概括反映客观事物本质和规律的能力。尽管人们同时具备多种思维能力,但通常会有一项能力占据主导地位,而创造性思维能力则是各种类型的有机结合。在个体价值实现的过程中,强大的思维能力至关重要。这种能力可以用于判断政治立场、分析事物的性质特征,从而促进个体价值的实现。全面培养学生的思维能力是至关重要的。这包括形象思维、抽象思维和创造思维等方面的培养。通过这种全面的培养策略,学生才能充分发挥自身潜力,成为具备判断力和创造力的个体,更好地实现个体的价值。全面培养学生的思维能力,包括形象思维、抽象思维和创造思维,是推动个体价值实现的有效途径。

(2)能力素质指学生在思政教育价值实现中应具备的能力,包括资源利用、人际关系处理、信息获取与利用、系统分析。这些素质是影响价值实现的关键。应全面培养这些能力素质,以促进个体价值的实现。全面开发学生的能力素质对于思政教育价值的实现至关重要。通过培养合理利用资源、处理人际关系、获取并利用信息、进行系统分析的能力素质,可以有效提升个体价值实现的能力水平。

第一，在思政教育中，学生需要具备合理利用和支配各类资源的能力，以实现个体的价值。这种能力主要在四个方面表现：合理利用和支配时间，选择有意义的学习内容，并合理安排进展，确保学习计划的顺利实施。他们应该合理使用资金，制定经费预算并随时调整，确保经济资源为个体价值实现服务。学生需要合理使用设备，以获取和储存知识，有效利用各种工具，如计算机等。他们应该合理利用人力资源，充分发挥人力资源的积极作用，以实现个体的价值目标。学生应该具备合理利用和支配各类资源的能力，包括时间、资金、设备和人力资源。通过有效地管理这些资源，他们可以更好地实现个体的思政教育价值。

第二，在思政教育中，处理人际关系至关重要。人际关系是价值实现的保障，对学习、生活和心理健康都至关重要。学生的性格、禀赋、生活背景和目的等差异会影响价值实现，可能导致思想上的距离。建立良好的人际关系具有重要意义。良好的人际关系有助于形成和谐的班集体，促进互相帮助、团结友爱，共同为价值实现贡献力量。通过培养良好的人际关系，学生可以更好地融入集体，凝聚共识，促进思政教育价值的实现。

第三，获取信息并利用信息的能力是理解客观世界本质的关键手段。在思政教育中，信息量庞大且复杂，因此需要培养学生有效获取、分析和利用信息的能力。应该帮助他们学会利用多种手段和途径获取信息，学会整理和归纳信息，判断和识别信息的价值，并能够进行信息的分析、传播和利用。在思政教育中，培养学生的信息获取和利用能力至关重要。通过这种能力的培养，学生能够更加有效地理解和应用信息，推动个体的思政教育价值的实现。

第四，系统分析能力是指利用系统论原理，对系统的组成要素、结构、环境、性能等进行分析的能力。在思政教育中，这种能力具有重要性，因为个体需要综合分析所接受的知识，以找出概念和理论之间的联系，实现自我价值。为了培养这种能力，关键在于注意系统的整体性、关联性、开放性和反馈性原则，以促进科学分析的能力。运用静态与动态相结合的分析方法也至关重要，将系统分析运用于实践，有助于推进个体价值的实现。培养学生的系统分析能力对于思政教育价值的实现至关重要。通过遵循系统的基本原则和综合运用分析方法,学生能够更好地理解和应用知识,推动个体价值的实现。

3.学生的道德素质

道德素质是个体道德认识和行为水平的综合体现,包括道德修养和道德情操。其提高对思政教育的实现至关重要。提升学生的道德素质是思政教育价值实现的关键:

(1)通过思政教育培养良好的道德观念,确立社会主义道德观念,涵盖社会公德、职业道德和家庭美德。这种道德观念要求诚实守信。思政教育旨在塑造符合社会主义道德规范的个体,体现基本道德原则,如诚实守信。

(2)理想信念教育的核心在于注重塑造道德品质和培养道德行为,旨在实现知行合一。这种教育努力使个体的道德认知与行为保持一致。培养道德行为能力,即将道德意识转化为自觉行为、自律和不断自我完善,以追求高尚品德。该教育也关注塑造道德人格,通过言行和情态展现出为人的品位和格调,构建起思想、品德、情感的综合体。理想信念教育应综合考虑道德行为能力和道德人格的培养,以确保学生在社会生活中展现出良好的道德品质和行为表现,更好地实现个体与社会的和谐发展。

高校思政教育应关注培养学生的道德品质和素养,这些是学生综合素质的核心组成部分。通过内化这些素质,学生可以更好地实现自身的主体价值。

第二章 互联网背景下高校思政教育的方法

第一节 高校思政教育方法及价值

互联网+背景下，思政教育方法指的就是教师为实现思政教育目的，以马克思主义理论为指导，依据传播学理论和思想宣传理论，遵循互联网虚拟社会及人在其中的思想行为发展规律，注重网络环境影响，进行思政教育实践时所采取的各种方法、手段和途径的总和。

一、高校思政教育教学方法的特点

(一)科学性

科学性是思政教育方法的基石。这一特点主要体现在其理论基础、方法设计和实践应用等方面。首先，思政教育方法是在马克思主义科学理论的指导下形成的，其理论基础坚实，确保了方法的正确性和方向性。其次，在方法设计上，思政教育方法遵循了科学的原则和规律，结合互联网的特点和学生的实际需求，精心设计了多样化的教育方法和手段。最后，在实践应用中，思政教育方法注重科学性和实效性，通过对学生的思想行为进行深入分析和研究，采用有针对性的教育策略，使教育方法更加符合实际、更加贴近学生。

此外，思政教育方法的科学性还体现在其不断发展和完善的过程中。随着信息技术的不断更新和升级，思政教育方法也在不断创新和发展，以适应时代的变化和学生的需求。这种不断创新的精神，使得思政教育方法始终保持其科学性和先进性。

(二)虚拟性

虚拟性是思政教育方法的本质特性。互联网作为一个虚拟空间,为思政教育提供了广阔的平台和无限的可能性。首先,思政教育环境是虚拟的,教师可以通过网络平台和虚拟社区等虚拟环境,与学生进行交流和互动。其次,思政教育内容是数字化的、虚拟化的,教师可以将教育内容以数字化、多媒体化的形式呈现在网络上,供学生学习和参考。最后,思政教育主体也是虚拟的,学生在网络空间中以虚拟身份进行互动和交流,这种虚拟性使得思政教育更加灵活和便捷。

虚拟性为思政教育带来了便利和挑战。一方面,虚拟性使得思政教育能够突破时空限制,实现信息的快速传播和广泛覆盖;另一方面,虚拟性也增加了思政教育的复杂性和不确定性,要求教师必须具备更高的素质和能力来应对各种挑战。

(三)适应性

适应性是思政教育方法的显著特点。由于思政教育涉及的对象广泛、内容复杂、环境多变,因此要求教育方法必须具有较强的适应性。首先,思政教育方法必须适应学生的能力和素质要求。学生的年龄、性别、专业、兴趣等差异较大,要求教师必须根据不同学生的特点和需求,采用不同的教育方法和手段。其次,思政教育方法必须适应教育目标、内容、环境的要求。不同的教育目标、内容和环境对教育方法有不同的要求,教师必须根据具体情况灵活调整教育方法。最后,思政教育方法还必须适应网络技术的变化和发展。

(四)综合性

综合性是思政教育方法的又一重要特点。思政教育方法是一个复杂的系统,它涉及多个领域、多个方面、多个层次的知识和技能。因此,思政教育方法必须具有综合性,能够综合运用各种方法和手段,形成合力,实现最佳的教育效果。首先,思政教育方法需要综合运用多种教育手段和技术手段,如在线教育平台、虚拟现实技术、社交媒体等,以满足学生的多样化需求。

其次，思政教育方法还需要综合运用多种教育资源，如教材、案例、视频等，以提高教育内容的丰富性和生动性。最后，思政教育方法还需要综合运用多种教育理念和方法论，如以人为本、因材施教等，以提高教育的针对性和实效性。

二、高校思政教育教学方法的类型

(一)根据方法层次分类

1.原则方法

思政教育的原则方法，作为思政教育活动的基石，它源于实践经验的总结与规律的提炼，是思政教育活动的普遍适用的一般方法。这些方法不仅体现了思政教育的根本理念，也规定了其他层面方法的方向、准则和要求。具体而言，思政教育原则方法主要包括以下方面：

科学性与方向性相结合的原则是思政教育活动的本质要求。科学性强调思政教育应遵循科学规律，以科学的理论为指导，确保教育活动的方向正确、目标明确。方向性则要求教育活动应始终坚持正确的政治方向，确保教育内容的政治性、时代性和先进性。

虚拟性与现实性相结合的原则是思政教育方法的独特之处。思政教育方法作为现实思政教育方法在网络空间中的延伸和转化，其产生、运用与发展都深深植根于互联网的虚拟性之中。然而，这种虚拟性并非完全脱离现实，而是与现实性紧密相连、相互渗透。因此，在思政教育过程中，我们既要充分利用网络的虚拟性优势，也要关注现实社会中的实际问题，实现虚拟与现实的有效结合。

主体性与主导性相结合的原则是思政教育方法实施主客体基本模式的重要体现。在思政教育过程中，教师和学生都是主体，但教师作为教育活动的组织者和实施者，具有主导性。这一原则强调在教育过程中要尊重学生的主体地位和主动性，同时发挥教师的主导作用，实现主客体的协同作用。

引导选择和主动传播相结合的原则是思政教育“主动出击，趋利避害”的实践准则。在网络信息繁杂、多元的环境下，教师需要积极引导学生进行正确的信息选择和判断，同时主动传播符合社会主义核心价值观的信息内容,帮助学生树立正确的价值观和世界观。

网络教育与现实教育相结合的原则充分考虑了虚拟社会和现实社会的对立统一关系。在思政教育过程中,要深刻认识到网络受众在虚拟社会中的思想、行为的现实本质,将网上教育和网下教育紧密结合起来,发挥网上网下教育的协同作用。这不仅有助于提高思政教育的针对性和实效性,也有助于促进网络社会的健康发展。

2.具体方法和操作方法

(1)具体方法。思政教育的具体方法是思政教育原则方法在教育过程中的具体化和实践化,它根据不同的教育类型和教育阶段,采取相应的教育方法。这些方法主要包括认知环节、决策环节、实施环节、反馈评估环节等不同教育阶段、教育环节的适用方法。

在认知环节,教师需要运用网络资源和多媒体技术,为学生提供丰富多样的学习材料,引导他们正确认识和理解思政教育的重要性和意义。通过在线课堂、主题网站等教育平台,教师可以发布课程内容、教学视频、学习资料等,帮助学生建立正确的思政教育知识体系。

在决策环节,教师需要根据学生的实际情况和需求,制定个性化的教育方案。这要求教师具备较高的专业素养和敏锐的观察力,能够准确把握学生的思想动态和心理变化,制定出切实可行的教育措施。

在实施环节,教师需要运用多种教育手段和方法,如在线互动、案例分析、小组讨论等,引导学生积极参与思政教育活动。通过实践活动和互动交流,学生可以更加深入地理解和掌握思政教育知识,提高自身的思想政治素质。

在反馈评估环节,教师需要对教育效果进行及时的评估和反馈。通过收集学生的反馈意见和建议,教师可以了解教育活动的实际效果和存在的问题,及时进行调整和改进。同时,教师还可以运用大数据等现代技术手段,对学生的学习情况和行为数据进行分析,为后续的教育活动提供科学依据。

(2)操作方法。思政教育的操作方法具有丰富性、复杂性和细致性,是具体方法在网络环境中的程序化总结。

在教学实践中,教师可以运用思政教育在线课堂这一操作方法,通过网络视频、音频等多媒体形式,为学生提供直观生动的教学内容。同时,教师还可以利用互动工具进行实时交流和讨论,增强学生的参与感和体验感。

为网络受众提供实时信息获取平台的思政教育主题网站,是另一种重要的操作方法。通过定期更新网站内容、发布时事政策、组织线上活动等方式,教师可以引导学生关注社会热点和时事政治,增强他们的政治敏锐性和社会责任感。

以微博、微信等“微平台”为代表的思政教育“微路径”,则是一种更加灵活便捷的操作方法。教师可以通过这些社交媒体平台,与学生进行实时互动和交流,了解他们的思想动态和需求,及时解答他们的疑惑和问题。同时,教师还可以利用这些平台发布教育信息、分享学习资源等,为学生提供更加便捷的学习途径。

此外,即时性疏导、延时性咨询式疏导、渗透式疏导、参与式疏导等网络疏导方式也是重要的操作方法。这些方式可以根据学生的具体情况和需求,提供个性化的心理疏导和咨询服务,帮助他们解决思想问题和心理困扰。同时,教师还可以运用“面对面”或“背对背”的网络咨询方式,为学生提供更加私密和个性化的咨询服务。这些操作方法的有效运用不仅可以提高思政教育的针对性和实效性还可以增强学生的获得感和满意度。

3.异常行为应对方法

网络异常行为是指偏离正常网络生活秩序和主流价值观念,有悖于网络规则和准则,引起非议、引发严重后果、影响自身全面发展的行为。为解决网络异常行为而存在的方法,就是网络异常行为应对方法,旨在通过思政教育干预出现网络异常行为的网络社会成员的日常生活,重塑他们的网络认知和行为习惯,矫正他们的网络异常行为,回归网络生活的正轨。主要包括解决网络成瘾问题的网络认知矫正方法、网络注意力转移方法、网络延迟替代满足方法;解决网络恶搞问题的网络道德教育、网络引导和规制方法;解决网络欺诈问题的网络安全教育、网络监管方法、网络自查自纠方法;以及解决网络心理问题和思想冲突的网络心理危机干预方法、网络冲突调解方法、网络思想转化方法等。

(二)根据教育活动类型分类

1.线上思想政治理论课教学方法

线上思想政治理论课教学方法,是高校思政教育的重要组成部分。它突破了传统课堂的时空限制,借助网络技术的力量,使教育内容以更为生动、形象、灵活的方式呈现给广大学生。在线上思想政治理论课教学中,教师可以运用多种教学工具,如在线视频、音频、PPT等,将抽象的理论知识具象化,提高学生的学习兴趣和参与度。

此外,线上思想政治理论课教学还注重互动性。教师可以通过在线问答、小组讨论、投票等方式,与学生进行实时互动,及时了解学生的学习情况和思想动态,从而调整教学策略,提高教学效果。同时,学生也可以通过线上平台,随时向教师提问、交流心得,形成双向互动的教学模式。

2.网络日常思政教育方法

网络日常思政教育方法,是指在网络环境下,教师通过日常化的教育方式,对学生进行潜移默化的思政教育。这种方法强调教育的日常性和渗透性,将思政教育融入学生的日常生活中,使之成为学生的一种生活方式。

在网络日常思政教育中,教师可以通过建设具有正能量的网络环境、发布积极向上的网络内容、引导学生参与网络公益活动等方式,营造良好的网络氛围。同时,教师还可以通过关注学生的网络行为,发现学生的思想问题和心理困惑,及时进行干预和疏导,促进学生的健康成长。

3.网络自我教育方法

网络自我教育方法,是指学生在网络环境下,通过自主学习、自我反思、自我提升等方式,进行思政教育的一种方法。这种方法强调学生的主体性和自主性,鼓励学生主动探索、积极实践,实现自我教育和自我发展。

在网络自我教育中,学生可以借助网络资源和工具,如在线课程、学习网站、社交媒体等,进行自主学习和互动交流。同时,学生还可以通过网络平台进行自我反思和总结,了解自己的优点和不足,制定个人发展计划,不断提升自己的思想政治素质。

三、高校思政教育教学方法的价值意蕴

随着信息技术的迅猛发展,网络已成为高校思政教育的重要阵地。在这一背景下,高校思政教育方法的创新显得尤为重要。它不仅有助于提升教育质量,还能有效增强教育的针对性和实效性。

(一)提高线上思想政治理论课教学质量

线上思想政治理论课作为高校思政教育的重要组成部分,其教学质量的提升对于整个思政教育体系的完善具有重要意义。

首先,创新的教学方法能够激发学生的学习兴趣和积极性。传统的思想政治理论课往往以讲授为主,学生被动接受知识,缺乏互动性和参与感。而创新的教学方法,如案例分析、角色扮演、在线互动等,能够使学生更加深入地参与到教学过程中来,从而提高他们的学习兴趣和积极性。

其次,创新的教学方法能够丰富教学内容和形式。网络技术的发展为思想政治理论课教学提供了更多的资源和手段。通过引入多媒体、虚拟现实、大数据等技术,教师可以将抽象的理论知识具象化、生动化,使学生更加直观地理解和掌握知识。同时,教师还可以利用网络平台,为学生提供更加丰富的学习资源和学习途径,帮助他们更好地进行自主学习和探究。

(二)提升网络日常思政教育实效

网络日常思政教育是高校思政教育的另一个重要方面。它强调的是在日常生活中对学生进行潜移默化的思政教育。创新的方法在这一领域同样具有重要意义。

首先,创新的方法能够营造积极向上的网络环境。网络环境对于学生的思想和行为具有重要影响。通过创新的方法,如建设具有正能量的网络社区、发布积极向上的网络内容,这种环境有助于培养学生的正确价值观和道德观,促进他们的健康成长。

其次,创新的方法能够增强学生的网络素养和自律能力。随着网络的普及和发展,网络素养和自律能力已成为学生必备的素质之一。通过创新的方法,如开设网络素养课程、组织网络自律活动等,可以帮助学生更好地

掌握网络知识和技能，提高他们的网络素养和自律能力。这种能力的提升有助于学生在网络中保持清醒的头脑和正确的行为方式，避免受到不良信息的侵害和误导。

最后，创新的方法能够增强思政教育的针对性和实效性。传统的日常思政教育往往以面对面交流为主，但这种方式往往受到时间和空间的限制。而创新的方法则可以突破这些限制，通过网络平台为学生提供更加便捷、高效的思政教育服务。同时，创新的方法还可以根据学生的实际情况和需求，制定个性化的教育方案，提高教育的针对性和实效性。

（三）增强学生网络自我教育能力

在网络时代，学生的自我教育能力显得尤为重要。创新的高校思政教育方法能够增强学生的网络自我教育能力，使他们在面对复杂多变的网络环境时能够保持清醒的头脑和正确的行为方式。

首先，创新的方法能够帮助学生树立正确的网络观念。网络观念的正确与否直接影响到学生的网络行为和网络素养。通过创新的方法，如开设网络道德课程、组织网络文化讲座等，可以帮助学生树立正确的网络观念，认识到网络的重要性和作用，以及网络使用中的道德规范和法律法规。

其次，创新的方法能够培养学生的自我反思和自我提升能力。在网络时代，信息更新迅速，知识更新换代快。只有具备自我反思和自我提升能力的学生才能不断适应新的环境和挑战。通过创新的方法，如引导学生进行自我评估、制定个人发展计划等，可以培养学生的自我反思和自我提升能力，使他们能够不断总结经验教训、调整自身行为方式、提升个人素质和能力水平。

第二节 高校思政教育方法的要求与原则

一、高校思政教育方法的要求

（一）方法创新要求体现服务思政教育内容

教育内容是为了实现教育目标，经筛选和审查后，满足社会和个人发展需要的知识技能、思想价值观念、行为规范等的总和。思政教育内容是在马克思主义理论、公民道德和民主法治教育等传统思政教育内容的基础上,结合互联网时代的新特点,融入了新的思想行为规范的教育内容。

在思政教育过程中,教育内容决定了方法的选择,影响了方法的载体和形式;同时,教育方法是教育内容有效传播的保障。不同的教育内容需要相应的方法配合,才能在教育过程中得以有效传递。而在具体实施思政教育时,教育方法的应用依赖于载体、技术、设备、资金等可支配资源,只有这样才能确保教育内容与其他教育要素的有效衔接,进而实现教育内容的有效传播。

尤其是在大数据、新媒体、人工智能等新科技迅猛发展的背景下,思政教育方法需要适应新的教育要求,进行对教育对象详细情况的追踪和分析,并筛选和传播教育内容。这些都要求对新兴载体、高精尖技术、先进设备和大量资金等可支配资源的需求更加迫切,同时对资源配置的效率提出了更高的要求。

只有通过创新的思政教育方法,才能适应教育内容的传播需求,实现对可支配资源的高效配置,充分利用新创造的教育场景,确保教育内容顺利融入教育过程,使学生认可并接受新方法。这才表明思政教育方法的创新是有效的。反之,如果方法创新未能实现预期效果,则说明其创新是无效的或失效的。

(二)方法创新要求适合学生的需要

思政教育方法是学生接受思政教育的主要途径和手段。教育方法的适用性直接影响着学生对教育内容的接受程度,进而影响教育的最终效果。学生是思政教育方法作用的主体,其思想行为状态和发展趋势直接影响思政教育方法的选择、实施和效果。在互联网快速发展的时代,新媒体、新技术、新平台等的出现和广泛应用,深刻改变了互联网社会中的生活方式和交往方式。这种变化为思想的独立性、差异性和多样性的发展提供了条件和环境,这就对思政教育方法提出了更高的要求,要求教师能够及时掌握和准确分析学生的思想行为状况。

有效的思政教育方法应适应互联网新发展带来的新要求，充分利用新媒体、新技术和新平台，实现对学生具体情况和发展趋势的精准把握。准确理解学生的需求，通过积极的教育方式和手段，提升学生的认知、情感、意志和行为等心理素质。这样的方法可以促进学生形成良好的思想认知、科学的方法和作风，以及坚定的政治理念、信仰、立场和态度，最终帮助学生养成高尚的道德品质和道德情操，实现其思想政治素养的全面提升。

只有通过创新，思政教育方法才能够准确掌握学生的思想行为状况，从而充分发挥其作用，证明其创新的有效性。若缺乏对学生思想行为规律的认知，则会导致思政教育方法创新的低效或失效。因此，思政教育方法的创新需要适应思政教育对象的需求，实现方法与学生的高度契合。

(三)方法创新要求有利于实现高校思政教育目标

思政教育目标是依据社会发展需求和学生个人成长需要设定的，它不仅是教育活动预期结果的主观设想，也是教育活动的核心，具有方向性、社会性和实践性等特征。思政教育的方法与目标之间存在相互影响、相互制约的关系。目标决定了教育的内容和发展方向，从而影响了方法的选择与实施，而方法则是实现目标的必要环节，直接影响着目标的实现程度。

思政教育的目标依据社会和个体的发展需要，可以分为社会目标和个人目标。因此，思政教育方法作为实现这些目标的途径，具有社会价值和个人价值双重属性。个人价值体现为思政教育方法通过发挥其功能，培养学生的思想政治素养，促进学生在虚拟与现实中的全面发展。只有科学有效的思政教育方法，才能充分发挥其功能，培养学生良好的心理素质、思想素质、政治素质和道德素质，促进学生的全面发展，进而实现方法的个人价值。反之，低效或无效的思政教育方法将无法实现这一目标。

社会价值则体现在思政教育方法通过其功能的发挥，推动社会发展的内在价值，包括经济、政治、文化和安全等方面。科学有效的思政教育方法，能够激发学生社会主义现代化建设国家和和谐社会的热情，协调人际关系，保障思想和道德方向不偏离，进而实现其在经济、政治、文化和安全等方面的社会价值。反之，低效或无效的教育方法将无法实现这些社会价值。

因此，思政教育方法的创新必须以教育目标为导向，以互联网社会的需求为指引，推动思政教育朝着预期的方向发展。只有这样，才能证明方法创新的有效性。若思政教育方法偏离教育目标，违背互联网社会的需求，则说明这种创新并未实现预期效果，是无效或失效的。同时，由于思政教育是一个随着社会环境和需求变化而不断调整的动态实践活动，教育目标也在不断更新。思政教育方法必须随之不断发展和创新，才能适应新的教育需求和目标，从而提升方法的有效性。

二、高校思政教育方法的原则

思政教育方法创新是在科学性与价值性相统一、虚拟性与现实性相统一、创造性转化、创新性发展原则指导下进行的实践活动。这些原则是对思政教育理念的内在要求的体现，划定了方法创新实践的基调和底线。

（一）科学性与价值性相统一

在高校思政教育方法创新的过程中，科学性与价值性相统一的原则是不可或缺的基石。这一原则不仅体现了对客观事物本质及其规律的深刻理解和准确把握，也彰显了教育目标与学生需求之间的和谐统一。

首先，科学性是思政教育方法创新的前提和基础。科学性要求我们在方法创新过程中，必须依据科学理论，遵循科学规律，运用科学方法。这意味着我们要深入研究思政教育的内在规律和特点，理解其发展的必然趋势，确保所创新的方法具有科学性和可行性。同时，我们还要关注网络技术的最新发展，及时将新技术、新方法引入到思政教育中，提高教育的科技含量和现代化水平。

其次，价值性是思政教育方法创新的目的和归宿。价值性要求我们在方法创新过程中，必须充分考虑教育对象的需求和利益，确保所创新的方法能够满足学生的成长和发展需要。这要求我们在设计思政教育方法时，要深入了解学生的实际情况和需求，关注他们的思想动态和心理变化，制定个性化的教育方案。同时，我们还要注重培养学生的思想政治素养，帮助他们树立正确的网络价值观，提高他们的网络素养和自律能力。

科学性与价值性相统一的原则,要求在思政教育方法创新过程中,既要注重科学性,遵循科学规律,运用科学方法;又要注重价值性,关注学生的需求和利益,培养他们的思想政治素养。只有实现了科学性与价值性的统一,才能确保思政教育方法创新的有效性和针对性,提高教育的质量和效果。同时,这也是推动高校思政教育创新发展的重要保障和动力源泉。

(二)虚拟性与现实性相统一

随着互联网的深入发展和广泛运用,虚拟世界与现实世界的界限逐渐模糊,二者相互渗透、相互转化的趋势愈发明显。在高校思政教育方法创新中,虚拟性与现实性相统一的原则显得尤为重要。这一原则强调在创新过程中要充分考虑并融合虚拟世界与现实世界的双重需要,以实现教育方法的优化和升级。

首先,深刻认识到互联网的虚拟性本质。互联网为人们提供一个全新的虚拟空间,人们可以在其中进行信息的传递、交流、学习和娱乐。这种虚拟性使得思政教育具有独特的优势,如信息传播速度快、覆盖面广、互动性强等。因此,在创新思政教育方法时,我们应充分利用互联网的虚拟性,打造丰富多彩、形式多样的在线教育平台,以吸引更多学生的关注和参与。

然而,虚拟性也带来了一些问题,如信息真实性难以保证、网络道德失范等。这些问题给思政教育带来了挑战。为了应对这些挑战,我们需要将现实性引入虚拟世界,用现实社会的规范和价值来引导网络空间的发展。例如,我们可以通过开展线下实践活动,将思政教育的内容与现实生活相结合,让学生在实践中体验、感悟和内化理论知识。同时,我们还应加强网络道德教育,引导学生树立正确的网络价值观,提高他们的网络素养和自律能力。

此外,现实社会实践性也是思政教育方法创新的重要支撑。实践是检验真理的唯一标准,也是提高教育效果的关键环节。因此,在创新思政教育方法时,我们应注重引入现实社会的实践元素,让学生在实践中锻炼自己的能力、提升自己的素质。例如,我们可以组织学生参与社会调查、志愿服务等实践活动,让他们在实践中了解社会、认识自己、提升自我。

（三）创造性转化

在思政教育方法创新的道路上，创造性转化原则扮演着至关重要的角色。这一原则强调在推动教育方法创新时，需充分发挥人的能动性和创造性，将传统思政教育方法的当代价值与现代技术、相关学科的先进方法相结合，实现创造性的转化和应用。

首先，创造性转化原则要求我们深刻认识到传统思政教育方法的当代价值。传统教育方法在长期的教育实践中积累了丰富的经验和智慧，蕴含着深刻的教育哲理和人文关怀。在思政教育方法创新中，我们不应简单摒弃或忽视这些传统方法，而应深入挖掘其内在价值，寻找与现代教育技术的结合点，实现传统与现代的有机结合。

其次，创造性转化原则鼓励我们借鉴相关学科的先进方法。思政教育是一个跨学科的研究领域，它涉及教育学、心理学、传播学、计算机科学等多个学科。在方法创新过程中，应积极借鉴这些学科的先进方法和理论，如大数据分析、人工智能、虚拟现实等，将其应用于思政教育中，以提升教育的针对性和实效性。

（四）创新性发展

在探讨高校思政教育方法创新的原则时，创新性发展原则占据了举足轻重的地位。这一原则不仅突出了“创新性”的核心地位，更将“发展”作为最终目标，旨在通过持续的创新活动，推动思政教育方法向更高层次、更高阶段、更高水平的目标迈进。

首先，创新性发展原则强调人的主观能动性在创新过程中的关键作用。在思政教育方法创新的过程中，教师需要充分发挥自己的创新思维，不断突破传统思维的束缚，勇于尝试新的教育理念和方法。同时，教师还应积极引导学生发挥自身的创新潜力，培养他们的创新意识和创新能力，使他们在思政教育中成为真正的参与者和创新者。

其次，创新性发展原则要求思政教育方法创新必须立足实践，以实践需求和现实要求为导向。这意味着教师在进行方法创新时，必须深入了解学生的实际需求，关注社会的热点问题，将理论与实践相结合，确保所创新的方法具有针对性和实效性。同时，教师还应根据实践反馈不断调整和优化创新方法，确保其能够真正解决实际问题，满足学生和社会的发展需求。

最后，创新性发展原则要求教师始终保持开放的心态和创新的精神。思政教育是一个不断发展的领域，随着技术的不断进步和社会的不断变化，教育方法也需要不断更新和完善。因此，教师应时刻保持对新技术和新理念的敏感性，勇于尝试新的教育方法和手段，以推动思政教育方法的不断创新和发展。

第三节 高校思政教育方法的集成优化

伴随着网络信息技术的蓬勃发展，在社会实践领域形成了一些具有重要意义的方法论。随着网络技术应用到各个行业领域，这些方法论与自然科学技术方法相融合，形成了较为完整的方法体系。其中，集成优化是网络信息技术迁移到企业管理的实践成果。

集成优化就是把不同事物的优点整合在一起，取长补短，把不同事物的优势发挥到最大的一种模式，其本质是集人所长，并且其成本低、风险小。通过各种优质资源的挖掘，将优质资源整合在一起，创新其整合模式，不断推陈出新，从而获得长久的竞争优势。所以，集成优化就是把系统中各要素，如资源、技术、信息、方法、时间、空间、组织、制度、监督、评价、反馈等，进行选择，促进要素之间最合适的搭配组合，使各个要素相互配合，形成一个优势互补、相互配合的有机统一整体，从而达到整体功能之和大于部分功能的简单相加。将集成优化运用于思政教育方法，可以使得其要素之间取长补短、相互配合。

一、确立思政教育方法集成优化相适应的理念

要在充分认识思想政治系统和遵循网络发展与思政教育规律的基础上，紧紧围绕复杂性理念，系统理念和协同理念，来探索确立与思想政治方法集成优化相适应的理念，从而推动思政教育方法的集成优化。

(一)确立相适应的复杂性理念

在新的时代背景下,思想政治方法面临着复杂性挑战,思想政治方法本身也已成为一个复杂的体系。所以在研究思想政治方法时,必须引入复杂性理论、立足复杂性社会,只有这样才能破解思想政治方法的复杂性问题,综合考虑思想政治方法的各方面因素,推动思想政治方法的集成优化,才能真正提高思想政治方法的实效性。

1.确立非线性思维理念

线性思维是一种直线的、不变的、单维的思维方式。将线性思维运用在网络思想教育方法之中,会导致思政教育各要素各自为政,因此在创新思政教育方法时,要避免线性思维,选择科学有效的思想政治方法。

(1)促进思想政治方法与社会环境融合形成整体育人大环境。网络时代给思政教育的内外部环境带来激烈的变化,线性思维下的传统思政教育方法会造成思政教育环境与社会环境的割裂,不利于整体育人大环境的形成。所以思政教育要随着社会主义建设而不断深化,在全社会范围内形成整体育人的共识,从多重维度开展全方位思政教育工作。

(2)促进思想政治方法与其他相关学科教育方法的交叉渗透。虽然不同学科的具体内容不尽相同,但是思政教育的方法能与其他学科的方法交叉渗透,因为他们之间具有研究对象的相关性、价值目标的共向性、实践问题的交融性[①]。

2.确立复杂性理念

所有事物和过程都可以概括总结为一个公式、一个原则、一个模型,这就是简单化。有一些教师以简单化的思维理念,将传统思政教育方法和其他学科的教育方法直接迁移到网络平台,形成了一种千篇一律、没有自身特点的思想政治方法。但思政教育有许多复杂性,这就要求我们应该摒弃简单化理念。

---

①陈宗章.思政教育交叉学科研究的“三个自觉”[J].学校党建与思想教育,2021(01).

（1）建立复杂多元的思想政治方法。由于思政教育对象、教育客体等本身具有复杂性的特点，思政教育不可能有单一的、万能的统一方法。必须根据教育主客体等的复杂性特点，来制定与之相适应的思想政治方法，思政教育主客体的复杂性决定了思想政治方法必然复杂。

（2）在思想政治实践过程中，摒弃简单化理念。制定了复杂多元的思想政治方法并不意味着具体方法实施过程的一成不变。由于教育对象思想动态和教育实践活动过程的不确定性，即使制定了与之最适应的思想政治方法，也要在教育过程中，时刻观察教育对象的思想变化以及教育过程的突发情况，从而更换教育方法调整教学方案，以期保持思想政治的实效性。

3.确立整体性理念

复杂性是一种系统属性，一种整体涌现性[①]。随着大数据时代的到来，思政教育与网络载体不可避免地存在多方面的互动，使思政教育呈现出复杂性，并随之带来了一系列问题，这迫使我们运用整体性策略来应对思想政治方面的一系列复杂性和涌现性问题。

（1）用整体性理念，建立理论与实践相结合的教学方法。思想政治理论教学应从整体性出发，形成完备的理论体系，使人们的思想和价值观念得到更深层次的升华。与此同时，更需要在实践中形成科学的价值观念，将理论教学与实践活动整合在一起，从而促进思想政治方法的创新发展。

（2）立足涌现性问题，形成多元协调的思政教育方法整体格局。要规避碎片化，避免将思想政治方法的各构成要素看作相互独立、互不关联的个体。而是应该将各要素集成起来，实现整体发力，形成稳定的思想政治方法整体格局。

（二）确立相适应的系统理念

系统思维能够在深刻把握要素之间联系和系统内部结构及功能的基础之上，根据彼此之间的相互作用，预判系统的未来发展方向。因此，立足系统思维充分考量思想政治方法的各要素。

①苗东升.复杂性管窥[M].北京：知识产权出版社，2014：2.

1.确立开放性的系统理念

科学完备的系统不是一成不变的,而是可以随着外部因素不断变化的、是开放包容的。其中,系统内部与外部环境进行物质交换、能量转变,这就是系统开放性的特征。思想政治方法作为一个科学的系统,具有开放性的系统特征。所以,思想政治方法不能局限于自身系统,而是将思想政治自身内部系统与外部系统的现实要求结合起来。

(1)激发方法系统内部活力,更好地为集成优化服务。随着社会的发展,思政教育的教育对象和社会环境都在不断地变化之中,思想政治方法也需要随之变化而改变,要契合教育对象的实际需要,激发他们的主观能动性,培育他们的主体意识和创新意识,从而更好地为方法集成优化服务。

(2)形成开放性规模,推动方法集成优化。促进思想政治方法系统的开放性,可以在学校与学校之间、学校与行业之间、学校地区与国家之间等建立新模式,这种新模式能够促进他们之间的协同共赢,以此形成思政教育的开放性规模,推动思想政治方法的集成优化和科学发展。

2.构建层次性的系统理念

系统的一个十分重要的基本特点是层次性。思政教育方法作为一个系统,层次性十分鲜明,这就表明了思政教育方法内部存在的各要素并不是孤立的、杂乱无章地存在,而是各要素之间有着不同层次,从而思政教育方法系统才会层次清晰、功能明确。总体来看,思政教育方法系统是以方法理论作为理论指导,以方法技术为技术支撑,以方法应用为实践保障,将教育内容贯穿全过程,使思政教育方法系统结构的层次性呈现出多维立体的特点。

(1)促进思想政治方法实施过程的层次性贯通。从实际教育来看,思想政治方法实施过程衔接不畅是制约思政教育实效性的一个重要原因。因此,在开展思想政治工作时,要将思想政治贯通于学校、家庭、社会各个领域,各个阶段,树立层次性的系统观念,使思想政治方法实施过程贯通起来。

(2)实现思想政治方法不同层次的有效衔接。要加强学校与家庭、社会的结合,理论教育与实践活动的结合,线上教育与线下教育的结合,促使思政教育方法运行，实现不同层次的有效衔接。

3.形成动态性的系统理念

系统要想保持自身持续的演化发展，就应该保持动态性，这是系统发展的内在规律与外部动力。思政教育方法系统要想持续发展，应该保持动态性。

（1）利用思想政治的内在规律为集成优化提供规律指导。思想政治方法不是静止的、一成不变的，它本身具有历史性的特点。随着社会进步和生产关系的变化，思想政治方法需要不断与时俱进、不断创新出符合时代发展趋势和规律的新方法，同时思想政治方法的发展本身具有规律性，这些都可以为思想政治方法的集成优化提供规律性的指导。

（2）利用科学技术为思想政治方法集成优化提供不竭动力。科技的进步和发展是大势所趋、人心所向，思想政治方法也需要融入最新科学技术，以整体性的视角和发展性的立场，对思想政治方法进行创新性的研究，建立更加科学、合理、有效的思想政治方法，提升思想政治的效果。

（三）确立相适应的协同理念

思想政治随时代进步而不断与时俱进、创新发展，要想让思想政治方法具有更强的适应性，需要积极协调各方面优势资源，让各要素的活力竞相迸发，功能才能够充分地彰显。思政教育方法的协同创新，能在更高的层面推进思政教育的发展。

1.确立知行协同的理念

“知行合一”在道德教育十分重要，一方面，践行“知行合一”的教育理念，知行协同本身就是思政教育的目标之一，依托“知行合一”，强调思政教育方法应该将理论教学与实践活动相结合。从根本上理解“知行合一”的基本规律，避免出现理论与实践分离的现象。使教育对象在理论学习中获得知识，在实践学习中提高能力，从而不断反思，以求获得更高层面的认知。另一方面，思政教育方法还应该协同“言传”与“身教”，教师不仅需要用言语来讲解和传授知识，还需要用行动做到行为示范，使行为起到模范带头作用。传授相关理论知识，同时注重自身榜样与表率作用的发挥，真正做到“身教”。

2.确立目标协同的理念

思政教育目标是所有思想政治工作的出发点和落脚点，它为思政教育工作指明了发展方向。思想政治总目标是由许多不同层次的小目标组成的，这些小目标会随着各种主客观因素而发生改变。如果小目标不一致就会造成混乱，因此要将各要素与教育目标有机协同起来，使它们更好地为思想政治方法的集成优化服务。

（1）促进教育目标自身的协同。思想政治的目标具有多重性，在实施思政教育方法时，要注重不同教育目标之间的共在与制约关系，从而促进思想政治小目标与总体教育大目标的协同、思想政治目标与其他学科教育目标的协同等。

（2）推动教育目标与教育内容的协同。思想政治方法的协同离不开教育目标与教育内容的协同。教育内容是思想政治中至关重要的组成部分。教育内容不仅影响教育对象的个人发展，甚至会对社会发展带来影响。以教育目标引领思想政治的内容，就是以教育目标为主导，认识到思政教育内容的重要性，使思政教育内容与教育目标之间形成协同关系。当思想政治各目标、内容等内部要素形成整合，实现协同，思想政治方法的实施才能有的放矢，推动思想政治方法的集成优化发展。

3.确立家校社协同的理念

学校、家庭和社会等要素在思想政治方法实施过程中发挥着重要的协同作用，处理好他们之间的关系能够使思想政治方法的实施效果得到较好的提高。

（1）推进家校社方法资源的协同。思政教育十分复杂，其内部各要素与外部各要素是一个整体性的存在。学校可以与企业形成合作，建立其教育实践基地，使学校与社会之间形成实际交流。家庭教育也尤为重要，良好的道德观念与行为习惯都离不开家庭教育。因此，建立面向家庭的思政教育方法，将教育内容与教育目标向家庭告知，能够使家庭更好地参与到思想政治方法的实施中。

（2）推动学校、家庭、社会教育体系的协同。学校、家庭、社会的一体化教育体系不仅仅是将三者简单地相加，而是要促进三者之间的和谐互动，达到整体功能大于部分功能之和的效果。以学校为核心，形成与社会、家庭之间的信息沟通的体系，建立有效的协调机制、保障机制、评估机制等，实现学校、社会、家庭的信息与资源共享，促进三方之间的协同，提高思想政治的效率，为思想政治方法的集成优化提供质料。

二、营造思政教育方法集成优化的社会环境

思政教育教学方法集成优化的社会环境可以从三个层面把握，即人力资源环境、物力资源环境、机制环境。

（一）整合优化人力资源环境

思想政治方法创新是一项具有创造性的社会实践活动，需要人的参与，但是与一般的社会实践活动不同，思想政治方法集成优化极具创新性与开拓性，需要具有创新性和开拓性的人的参与。

思政教育方法创新仅仅依靠个人力量是无法完成的，需要团队间的协同合作。思政教育方法创新队伍应该具有创新精神，特别是将大数据、云计算以及人工智能融入思政教育方法中去是一个极其复杂且艰难的过程，需要不断地实践。

（1）打造一支高素质的思想政治师资队伍。要想构建大思想政治整体育人格局，思想政治专职教师力量和其他学科师资力量的融合必不可少，需要实现他们在理论与实践中的协调发展，形成多元化的师资队伍，助力推动教学生态与育人格局的形成发展。在理论教学中，思想政治教师与其他学科师资的融合能够扩展理论的厚度与深度，在实践教学中，与各界各类力量的协调能够拓展实践的宽度和广度。

（2）整合社会思政教育环境，构建社会协同育人队伍。教育从来不能仅仅依靠学校进行，还需要依靠社会上的方方面面，这些都会对教育对象产生一定程度上的教育效果。所以构建大思想政治育人格局需要整合社会上的各种资源，建立起社会层面的思想政治育人合力，共同致力于思政教育工作。

(二)统筹建设物力资源环境

思政教育方法创新是一个实践过程,是教师不断创新出新方法并不断实施新方法的过程,必须依赖一定的客观条件,以一定的物力资源作为保障。

1.加大思政教育方法创新的资金投入

新时代对思政教育方法提出了更高的标准和要求,充分的资金保障是思政教育方法创新的必要前提。加大资金投入,让经费用在最需要的地方。

(1)思政教育方法的相关理论的创新需要借助相关资金力量。由于思政教育起步晚,相关研究与其他学科相比还较薄弱,相关的科学研究还比较落后。因此,资金支持对于思政教育方法的相关研究十分必要。并且在对相关理念进行微观分析和宏观调控时离不开特定的物资,需借助相关场地,利用特定设备。

(2)思政教育方法的实施过程更需要借助相关资金支持。大数据技术、云计算、人工智能等以网络技术为基础,并且将这些技术融入思想政治方法时,需要借助一定场所对其进行分析、实验与运用,借助一定设备设施对其进行分析与调控,借助一定货币财力以获取必备的物质资源。

2.推进思政教育方法创新工作的平台建设

平台建设是为了将各方数据联动起来,及时了解教育对象的动向,解决网络信息脱节问题,从而更好地实现思政教育方法的集成优化。

(1)构建思政教育大数据平台建设。如果没有一个数据平台,没有数据来源,就不能精准认知教育对象,更不能精准推进思政教育工作。随着互联网技术的日益发展,已经有一些高校推进了智慧校园平台建设,平台所搜集形成的数据链构建了平台依托,有助于开展有针对性的思政教育。

(2)构建新型网络型基础设施设备。新型网络型基础设施设备给思政教育提供了许多物质帮助,其教育方法也会随之而不断创新。师资队伍的人文精神与新型网络型基础设施设备相互补充,形成了思政教育新合力。

3.搭建思政教育方法创新工作的场地

思政教育方法创新工作十分复杂,需要协同各方要素,才能保障创新工作的顺利开展。同时，由于网络技术的复杂性仅依靠在虚拟世界的研究是不可靠的，需要搭建专门的思政教育方法创新工作的场所。

（1）搭建大数据动态采集和分析基地。在这个数字化的时代，将大数据的优势应用于思政教育工作是大势所趋，通过对数据的挖掘与分析可以对教育对象的思想行为变化做出提前判断来预防不良思想和行为的产生。但数据的收集、分析和预判也不是一朝一夕能够完成的，且处理工作十分复杂，需要搭建专门的大数据采集和分析基地。

（2）搭建思政教育的直观场景。在思政教育方法应用场景中，要构建个性化的思政教育环境，增强思政教育的吸引力、表现力和引导力，培养教育对象对思政教育的主动性感知。可以根据思想政治内容有针对性地构建虚拟场景，使教育对象以“第一人称”的身份在场沉浸式体验学习。

（三）完善健全机制环境

在网络信息时代，思政教育方法是一个超级复杂的系统，要想实现各要素之间的集成优化，可以不断发展完善其协同机制、保障机制、评估机制。

1.完善协调机制

开展思想政治工作必须确保思想政治的质量和效果，这就需要建立完善的协调机制，以便不同部门、不同机构之间的协调配合，实现思想政治工作的有序进行。

（1）通过协调机制规范思想政治方法创新工作发展方向。通过相关机制可以规范教育主体的创新活动，使他们的实践行为顺应思想政治发展的方向；还可以保障思想政治方法创新的各个要素之间相互协调、相互促进，稳定有序地朝着思想政治方法创新的目标前进。

（2）协调机制可以激励思想政治方法各要素形成合力。思想政治方法是一个复杂的结构，如果不能将各要素有机协调起来，就会使思想政治方法的各要素在他们的领域各自为政，如果任其发展必然会造成思想政治方法的碎片化和分散化，最终会造成思想政治方法的实施效果不佳。通过协调机制，引导教师的创新行为符合创新目标，把那些脱离创新轨迹的行为重新整合到创新轨道之中。同时，将思政教育方法各要素有机协调起来，达到整体功能大于部分功能之和的效果。

2. 健全保障机制

为了更好地实现思想政治方法的集成优化,保证适当投入作为物质基础,需要健全相关的保障机制。

(1)思想政治方法需要聚集全社会力量,充分利用社会公共优势。借助网络技术的支持,全社会可以聚集力量为思政教育资源库建设贡献合力。可以加强平台建设,提供阵地保障,如思政教育专题网站平台、师生互动平台等,从而占领思政教育的主阵地。另外,发挥全社会力量共同完善思想政治的智库建设,汇集最全面的力量,使思想政治方法得到社会上的全面保障。

(2)建立合理的法律保障机制。思政教育工作需要符合法律法规和相关规定,因此需要建立法律保障机制,包括相关法律法规和规章制度的制定和执行,以及违法违规行为的处理机制。

3. 优化评估机制

随着网络技术渗透到生活的方方面面,运用新兴技术是思想政治方法集成优化的必然趋势。但想对其方法实施效果进行测量,要参考一定的评估机制。当然,在进行教育方法评价时也要运用数字思维和技术赋能。

(1)坚持结果与过程相统一。思想政治方法需要不断地实践、发展、再实践,因此思想政治的评估机制也是一个动态发展的过程。且思想政治方法是以人为对象,思想政治方法的实施效果也具有一定的滞后性。因此,高质量的教育评价要坚持结果与过程相统一。

(2)坚持传统与新技术相结合。随着思政教育的不断发展,一些传统评价方法也随之得到进一步应用与发展,比如访谈、观察、问卷调查等。同时,也要将新技术融入其中,不断创新思想政治评价的科学方法,积极寻找评价方法与新技术有效融合的契机和平台,融合数据应用的优势不断探索和创新发展思想政治工作的新方法、新模式,以应对思想政治方法实践过程的复杂性挑战。

第三章 互联网背景下高校思政教育的队伍建设

第一节 高校思政教育队伍建设的指导理念

互联网背景下，高校思政教育工作面临更多机遇和挑战，需要不断加强高校思政教育队伍建设，努力提升从事思政教育工作队伍的专业素养和职业能力，力争建设一支专业化培养、多样化发展、规范化管理的队伍，吸纳党政管理干部、共青团干部、辅导员或班主任、思想政治理论课教师、心理健康教育指导教师及相关人员参与，组建一支学习型的高校思政教育工作队伍，为高校思政教育提供坚强的组织保证和人才支撑。

一、互联网背景下高校思政教育队伍的特征

高校思政教育工作队伍应该是一支专业化、职业化的队伍，按照辅导员及思想政治教师队伍的待遇及晋升机制落实相关政策，通过定期进行网络专业课程培训，积极组织教师参加社会实践、挂职锻炼、学习考察等活动，不断充实教师的理论知识及实践经验。互联网背景下高校思政教育队伍具有以下方面的特征：

（一）时代性

网络时代，高校思政教育工作就要顺应网络社会发展的必然趋势，打破封闭、走向开放是传统思政教育发展的必然走向。互联网为高校思政教育发展创设新的境遇，不仅有利于思政教育形式的多样化，更有利于大学生对思政教育的普遍认可与接受，体现了鲜明的时代特征。互联网变革思政教育的形态，也必然变革高校思政教育中的“人”的思维和理念，对于思想政治教师来讲，需要因“网”而新，不断更新传统教育理念，以更为开放的思维和

宽阔的视野去开展思政教育工作，不断磨合传统性与现代性、主导性与多样性之间的复杂关系，在继承传统基础上开拓创新。

在习近平新时代中国特色社会主义思想建设的宏伟蓝图中，高校思政教育队伍在强化使命认知与责任担当方面，无疑扮演着引领时代潮流的先锋角色。这一群体在教育实践的广阔舞台上，不仅深刻理解了习近平新时代中国特色社会主义思想的伟大实践对教育工作提出的新要求，更在教育教学活动中巧妙地融入了互联网思维，实现了对传统教育模式的创新性发展，紧密贴合了时代发展的脉搏。具体而言，其先进性与时代性主要体现在以下维度：

第一，从时代使命的维度来看，高校思政教育队伍被赋予了服务中国特色社会主义伟大事业的崇高使命。在这一背景下，当代大学师生积极投身于对党和国家、社会事业发展动态的深度关注之中，不仅深刻明晰了中国特色社会主义在新时代的历史方位，更在此基础上，对自身所承载的时代责任与历史使命有了更为清晰的认识。他们主动学习并掌握科技文化知识，紧跟国家及社会发展的最新趋势，以先进的知识体系为武器，不断提升自我，力求成为新时代的建设者与推动者，为实现中华民族伟大复兴梦想贡献智慧与力量。

第二，从理论学习与宣传的角度来看，高校已然成为马克思主义理论学习及传播的核心阵地。思政教育队伍在此过程中，不仅承担着传授马克思主义基本原理的重任，更致力于揭示马克思主义在指导国家建设、推动社会发展方面所展现出的独特价值与深远意义。通过系统的教学与宣传，高校思政教育有效地提升了大学生对马克思主义理论的认知与认同，为培养具有坚定理想信念的新时代青年奠定了坚实的理论基础。

第三，从人才培养的角度审视，高校思政教育队伍的建设与发展，其核心目的在于为国家的发展培养具备高素质的综合型人才。鉴于大学生正处于世界观、人生观、价值观形成的关键时期，高校思政教育在这一阶段所发挥的作用尤为关键。它不仅是塑造大学生正确人生态度与价值观念的重要平台，更是引导大学生树立正确历史观、民族观、国家观、文化观的关键环节。通过系统的思政教育，大学生得以在思想上获得启迪，在行动上得以引导，从而在未来的工作与生活中，能够秉持正确的价值观念，积极投身于国家与社会的建设之中，成为推动社会进步与发展的中坚力量。

目前，高校思政教育队伍外在形势和内在要求的新变化迫切要求高校与时俱进、创新载体，紧跟时代步伐；积极赋予其时代价值及功能，将互联网背景下特征和思维理念积极融入思政教育工作，促进高校思政教育的现代化、网络化，努力增强思政教育工作的时效性、针对性和创造性，促进高校思政教育工作的顺利推进并争取取得预期效果，从而为国家培养更多专业强、素质高、具有时代性特色的高素质人才。

（二）专业性

在信息技术高速发展的网络时代，专业性既是高校学科建设的源动力，又是高校思政教育工作质量的保障。教师队伍的专业化、专家化已逐步发展成为高校思政教育队伍建设的主流趋势，也成为提高高校思政教育实效性的必然要求。专业性队伍不仅有利于提高思政教育的实效性，也有利于加快马克思主义学科的建设进程，实现高校教育的内涵式发展。

高校思政教育队伍建设的专业性主要体现在以下两个方面：

1.思想政治教师自身综合素质的专业性

高校思想政治理论课教师的素质决定理论课程建设的质量，对大学生人生观、价值观的塑造起着举足轻重的作用。高校在严格控制教育队伍建设的专业化标准的同时建立配套的教师资格准入、培养、培训制度，要求高校思想政治课程教师通过课程学习、专业培训等不同方式，提升专业素养、提高专业知识储备，并成为掌握较强专业技能的尽职尽责的教师。在教学过程中明确高校思政教育的目标与任务，全面把握大学生群体的身心发展，在分析大学生德育现状、社会规律高度认识及精准把握的基础上，制定适合当前高校现状、符合大学生成长规律的科学合理的思政教育目标，从而进行有效、专业化的教学工作，对大学生提供专业化的学业指导、心理健康教育与咨询、职业规划与就业指导等服务，切实帮助学生解决成长过程中遇到的思想生活等实际问题，帮助学生成长成才，并赢得学生的信任和尊重，在提高自身综合素质的同时向既高又精的专业型教育人才方向发展，如此才能在人才培养中发挥积极作用。

2.高校思想政治课程教师相关保障制度的专业性

高校作为人才培养的摇篮,其思想政治课程教师的专业素养与能力直接关系到思政教育工作的成效与质量,进而影响到大学生人才的整体素质与国家未来的长远发展。因此,构建一套科学、完善、具有专业性的思想政治课程教师保障制度,对于提升教师队伍的整体水平、促进思政教育工作的实效性具有至关重要的意义。

从人才培养的角度来看,高校需不断完善思想政治课程教师的选拔、培养与使用机制。这包括建立客观、公平、公正的选拔标准,确保每一位进入思想政治教师队伍的个体都具备扎实的专业知识、良好的职业道德与较高的教学能力。同时,通过制订个性化的培养计划,结合教师的个人发展需求与学科特点,提供多样化的学习资源与实践机会,以促进其专业素养与能力的持续提升。此外,建立科学的考核机制,定期对思想政治课程教师的教学效果、科研成果、师德师风等方面进行全面评估,为教师的职业发展提供明确的导向与激励。

在竞争机制、晋升制度及奖惩机制的构建上,高校应秉持公平、公正、公开的原则,确保每一位教师在职业发展中都能享有平等的竞争机会与晋升机会。通过设立明确的晋升标准与程序,鼓励教师积极参与教学科研活动,提升个人能力与业绩。同时,建立合理的奖惩机制,对在教学、科研、社会服务等方面表现突出的教师给予表彰与奖励,对存在问题的教师则进行及时的批评与教育,以形成正向激励与负面约束并重的良好氛围。

管理培训体系的完善与成熟是提升思想政治课程教师专业性的重要保障。高校应建立系统的培训体系,涵盖专业知识更新、教学技能提升、师德师风建设等多个方面,通过定期举办培训班、研讨会、学术交流等活动,为教师提供持续的学习与发展机会。同时,加强领导与管理机制的一体化建设,确保各部门之间在思政教育工作中能够紧密配合、协同作战,形成强大的工作合力。

高校还需坚持重点培养与普遍提高相结合的原则,充分发挥群体人才优势。通过选拔一批具有潜力的思想政治课程教师进行重点培养,打造一批高水平的思政教育领军人才；同时，加强对全体思想政治课程教师的普遍提高，提升其专业素养与教学能力，确保整个教师队伍的均衡发展。

（三）实践性

思政教育是大学生加强道德修养，提高自身综合素质，帮助学生全面发展、树立良好思想品质的重要渠道。思政教育工作最重要的任务就是面向社会解决现实问题。思政教育只有在直面现实问题时才能充分展现其顽强的生命力，有效地解决现实问题关键在于增强思政教育的实践性。

信息技术带来巨大的社会变革，为人们提供更多互动交流的平台与渠道，同时，也带来了网络信息泛滥、网络犯罪频繁等不良效应。网络时代的大学生群体个性较为鲜明、自律意识较差，面对互联网带来的复杂多变的社会变革容易产生偏激态度，导致极端行为，甚至带来无法弥补的损失；在思政教育方面，新媒体时代现实空间与虚拟空间的思政教育工作相脱离，虚拟空间的思政教育知识结构单一、形式简单，媒体技术应用技能尚不熟练，高校思政教育工作队伍网络知识及素质仍有进一步提升的空间。因此，增强高校大学生的思政教育工作尤为重要。

另外，高校思政教育的内容往往具有很强理论性、逻辑性，常常表现为枯燥的抽象概念，缺乏形象生动的具象描述，且覆盖面较窄、操作较为复杂，与社会实际也时有脱节现象。时代在不断变化，思政教育方法也在与时俱进，在保持教育大纲基本不变情况下，结合国内社会发展实际，不断创新教学教育方式方法；积极开展校园信息系统建设，通过信息化手段切实提高教育水平及效率，减轻教师的工作量。

同时，教师应善于运用思政教育学科前沿优秀成果，完善网络时代的教育理念、改善教育方法、丰富大学生教育内容，增强理论与实践的联系，重视课堂教育、传播理论知识的同时，也需关注大学生思想教育的实践发展与变化，加强学生思想教育的实践性，要求思想教育内容紧密联系现实社会，将理论知识与社会实践完美融合；积极创新思政教育理念及方式，思政教育教师在提高自身授课技巧及网络技能的基础上将传统的思政教育课程通过网络进行讲授，主动开展多样化的思想政治理论课程，如播放纪录片、宣传片以及视频等方式来传授思修理论知识及社会前沿课题，同时保障思政教育关乎大学生的切身问题，帮助大学生树立正确的世界观、人生观、价值观，增强大学生对思政教育的认同感。思想政治理论课程教学须与时俱进、充分运用多媒体、网络等现代化教学平台，增强思想教育课堂教育的针对性和实效性，引导学生积极理性面对社会新问题。

二、互联网背景下高校思政教育队伍的职责要求

(一)政治要求

在信息化与网络化交织的当下，高校思政教育作为党宣传思想工作的重要一环，其职责要求愈发凸显出党性、政治性为先的迫切性与重要性。这一核心要求不仅体现在对思想政治教师个体层面的严格要求上，更贯穿于整个思政教育体系的构建与运行之中。

思想政治教师须具备坚定的政治立场、政治信念、政治品德，这是其履行职责、发挥作用的根本前提。在此基础上，政治理论水平和政策水平的提升同样不可或缺，它们构成了思想政治教师专业素养的重要组成部分。面对网络时代信息爆炸、思潮多元的现实背景，思想政治教师须具备高度的政治敏锐性，能够迅速捕捉并准确辨析网络上的各类信息，及时识别潜在的政治风险与挑战。同时，政治坚定性是其坚守信仰的重要保障，确保在复杂多变的网络环境中始终保持清醒的头脑和正确的方向。此外，政治预见性则要求思想政治教师能够基于对当前形势的深刻洞察，对未来可能的发展趋势做出合理预判，为大学生提供前瞻性的指导与引领。

为实现上述政治要求，高校需不断完善思想政治工作制度，构建科学合理的思政教育体系。这包括创新思政教育的载体与形式，充分利用互联网技术的优势，打造线上线下相结合的思政教育平台，提高思政教育的覆盖面与影响力。同时，高校党委作为思政教育的领导核心，必须切实履行主体责任，将思想政治工作纳入学校发展的整体规划之中，明确其在立校办学中的重要地位，确保思想政治工作与教育教学的深度融合与相互促进。

在此基础上，高校还需注重提高思政教育的实效性，确保思政教育能够

真正触及大学生的心灵深处，激发其内在的学习动力与成长潜能。这要求思想政治教师不仅要注重理论知识的传授，更要注重实践能力的培养，通过组织丰富多彩的社会实践活动，引导大学生将所学知识转化为实际行动，为社会整体利益的建设贡献自己的力量。最终，通过这一系列举措的实施，高校思政教育队伍将为实现中国特色社会主义的伟大事业培养出一批批具备高素质、高能力的建设者和接班人。

（二）素养要求

网络素养作为现代社会个体在信息技术高度发展、信息交叉渗透的社会环境中必备的一种能力，涵盖了网络意识、网络道德、网络语言等多个维度。其中，网络意识指的是个体对网络空间的认识与理解，是网络行为的基础；网络道德则是指在网络空间中应遵循的道德规范与行为准则，是维护网络秩序的重要保障；网络语言则是网络交流的工具，其准确运用对于提升思政教育的效果至关重要。

面对互联网这一社会思想文化的集散地与公民信息交流、意见表达的重要平台，思想政治教师需不断提升自身的网络信息素养。这包括提高对网络信息的辨识力，能够在海量信息中筛选出有价值的内容，剔除虚假、低俗、有害的信息；同时，还需增强网络语言表达能力，运用生动、形象、易于接受的网络语言，将抽象的思想政治理论转化为大学生易于理解、乐于接受的形式，从而提高思政教育的吸引力与感染力。

尤为重要的是，对于正处于世界观、人生观、价值观形成关键期的大学生而言，网络信息的丰富性、复杂性与多元化既是一大机遇，也是一大挑战。它考验着大学生的判断力与选择能力，也要求思想政治教师必须具备良好的网络信息素养，可以在网络空间中开展生动活泼的思想教育活动，及时、准确地将最新的思想理论观点传达给大学生，引导他们树立正确的网络观念，提升网络自律意识，确保大学生能够心领神会，切实发挥思政教育的功能与作用。

因此，高校思政教育队伍需不断加强自身建设，提升综合素养，以更好地适应互联网背景下思政教育的新要求，为培养德智体美劳全面发展的社会主义建设者和接班人贡献力量。

（三）法治要求

在互联网时代，高校已成为意识形态斗争与舆情传播的重要场域，其在国家法治体系构建及社会稳定维护中扮演着举足轻重的角色。互联网不仅拓宽了信息传播的渠道，也带来了诸多挑战，尤其是在网络法治建设与舆论引导方面，如何有效确保网络信息传播的规范性、维护国家安全与社会秩序，成为亟待解决的时代课题。对此，加强互联网法治建设显得尤为迫切。这要求我们必须加快立法步伐，科学制定互联网领域的法律法规体系，包括但不限于互联网信息内容管理、关键信息基础设施保护等方面的规定，以法律手段规范网络空间秩序，保障公民在网络环境中的合法权益。同时，要确保网络运行的有序性和高效性，通过法治手段构建网络空间的自由边界，为全体网民营造一个既自由又受法律约束的网络环境。

在高校思政教育领域，将网络法治教育纳入课程体系，不仅是对大学生进行综合素质培养的重要组成部分，也是促进大学生健康成长、塑造正确网络行为观的必然要求。具体而言，高校思政教育队伍需承担起教育引导的职责，帮助大学生深刻理解网络空间的权利与义务关系，使他们认识到网络信息技术虽作为科技进步的产物，但其运用必须严格遵循法律法规的框架。通过系统的法治教育，旨在提升大学生的法治意识，使其在网络活动中能够自觉遵守法律，成为网络法治的践行者和传播者。

此外，鉴于网络环境的开放性、虚拟性等特征，其往往成为网络欺凌等新型犯罪的高发地带。因此，高校思政教育还需注重培养大学生的网络保护意识和信息辨别能力，使他们能够准确识别网络信息的真伪，有效抵御网络陷阱与欺诈行为。当遭遇网络违法犯罪时，大学生应能够灵活运用所学的法律知识，将理论知识转化为维护自身权益的实际行动，敢于并善于运用法律武器，积极捍卫自己的合法权益。

（四）技术要求

互联网作为信息传播的重要介质和手段，为高校思政教育提供广阔的互动载体，拓展思政教育的空间，有利于增强思政教育的效果，推动高校思政教育向着科学化的方向发展。新时代下,推动思政教育传统优势同互联网技术与思维的深度融合是高校思想政治工作发展的必然趋势,也是思政教育研究焕发新活力的重要生长点。

网络所具有的开放性、虚拟性、交互性、即时性和共享性等特征可以为大学生提供更广泛的自学空间及平台。高校思政教育中需注重强化互联网思维,在各项教育课程、宣传等实践活动中加强网络应用,充分发挥网络的思政教育价值;以网络技术为支持,完善网络教育平台,建立思政教育工作新机制;加强教育网站建设,促进微信、MSN、电子邮件、BBS论坛等传播介质在教学活动中的应用,强化网络话语沟通,通过网络媒体平台与学生增进互动沟通,彼此交流看法、讨论问题,注重大学生思想道德素养。特别是作为思政教育主渠道的思想政治理论课程,应积极借助大学生熟悉的信息网络技术开展互动式的教学活动,让大学生成为课堂教学的积极参与者,努力开创高校思政教育新局面。

辅导员运用互联网技术能力的提升有利于更好地大学生思想行为的动态,从而深入了解学生的真实情感,及时开展网络心理咨询工作,帮助学生排解思想困惑,推进德育工作的有序开展。另外,利用网络进行高校思政教育是一个循序渐进的过程,面对复杂的网络环境,通过技术手段对网络信息内容进行滤,及时屏蔽或者清除网络上的不良信息,优化网络教育环境,为高校学生提供清朗的网络空间及正确导向的网络信息。

(五)生态建设要求

随着互联网技术的迅猛发展,其推动着经济社会的全面进步,但与此同时,也引发了诸多网络问题,如网络信息污染、网络生态危机以及网络安全危机等,这些问题共同导致了网络生态的严重失衡。在此背景下,高校思政教育队伍面临着新的职责要求,即加强网络生态建设,维护网络环境的健康与和谐。

大学生群体作为网民的主力军,其网络行为对网络生态具有显著影响。他们思维活跃,好奇心旺盛,是网络生态中不可或缺的组成部分。然而,正是这一群体的特性,使得他们既可能成为网络生态危机的制造者和参与者,又容易成为网络生态危机的主要受害者。面对网络世界中纷繁复杂的信息,大学生往往难以抵御不良信息的侵蚀,容易受到误导,进而迷失自我,出现行为失范的现象,甚至导致其人生观和价值观的扭曲与错位。

鉴于此,高校思政教育队伍应将培养大学生的网络生态文明意识及素养作为重要任务,这要求思想政治教师不仅要传授专业知识,更要引导大学生树立正确的网络道德观念,增强他们对网络信息的辨别能力和自我防护意识。通过教育引导,使大学生能够自觉抵制网络不良信息,维护网络生态的清洁与和谐。

同时,高校思政教育队伍还应积极构建良性互动的网络生态格局,包括加强网络内容建设,推动网络文化繁荣发展,以及建立有效的网络监管机制等。通过这些措施,营造出一个健康、积极、向上的网络生态氛围,为大学生提供一个良好的网络学习和生活环境。

(六)网络命运共同体构建要求

网络空间是人类共同的活动空间,网络空间前途命运应由世界各国共同掌握。各国应该加强沟通、扩大共识、深化合作,共同构建网络空间命运共同体①。大学生群体是网络的主力军,在网络空间命运共同体的构建中发挥着不可忽视的作用,需得到高校思政教育的高度重视。构建网络空间命运共同体既要遵循安全逻辑,又要有发展意识。网络安全既是网络空间命运共同体的基石,也是推动经济社会发展的重要驱动力。

高校思政教育过程中,要将网络安全与网络发展理念渗入高校思政教育的课程,鼓励大学生在使用网络的同时注意维护网络安全,坚决禁止泄露个人信息隐私等违法犯罪活动,做网络安全的坚定维护者。教师也要完善高校的互联网管理机制,做好网络舆论引导工作,防范群体极化现象或者网络语言泛滥的现象。此外,未来经济社会发展需要高校培养一批批优秀卓越的建设型人才,为网络及国家的繁荣富强添砖加瓦,共同实现中华民族伟

①郝保权.习近平网络战略思想论析[J].理论探索,2017(06).

大复兴。网络空间命运共同体理念体现了深切的人文关怀和厚重的责任意识，关乎人类共同福祉，高校思政教育应该突出这一点，积极培养大学生的奉献精神及责任意识，共同维护网络安全，促进网络发展，服务于实现国家富强的宏伟蓝图。

三、互联网背景下高校思政教育队伍的工作价值

（一）贯彻国家战略的主动之举

随着信息技术的飞速发展，互联网以其强大的渗透力与影响力，全面而深刻地重塑了社会生活的各个维度，这一颠覆性变革无疑对高校思政教育工作的实施环境、内容与方法提出了新的挑战与要求。在此背景下，互联网思维作为一种具有鲜明时代特征的战略思想，其内涵丰富，涵盖了历史深度、时代前沿、实践探索、形成机理、科学定位及深远意义等多个层面，彰显了国家战略思维的新时代特质。

将网络空间视为意识形态工作的前沿阵地，是深入实施网络强国战略不可或缺的一环。当前，互联网已成为多元社会思潮交汇碰撞的枢纽，以及意识形态领域斗争的关键舞台。对于高校而言，这一变化不仅意味着思政教育在媒介、工具、途径上的革新，更深层次的，它触及了教育主体的思维方式、话语构建、社交生态及信息获取模式的根本性转变。

媒介技术的每一次飞跃，都伴随着信息传播手段与交流空间的深刻变革，不同媒介在信息的传播特性、话语的呈现形态、思想意识的塑造作用等方面展现出各异的新特质与运作机制。因此，高校思政教育队伍必须深刻把握互联网时代的特征，熟练掌握网络传播的内在规律，积极运用网络信息管理的法律法规，以互联网思维为引领，推动思想教育在方式方法、载体选择、行为模式等方面的全面创新。

具体而言，这意味着要充分利用互联网平台的即时性、交互性、广泛性优势，构建线上线下相融合的教育体系，打造富有时代感、吸引力的教育内容，提升教育活动的针对性和实效性。同时，通过培养教育对象的网络素养

与批判性思维能力，引导其形成正确的世界观、人生观、价值观，使之成为既具备扎实专业知识，又拥有高尚道德品质的新时代人才，为网络强国战略的深入实施提供坚实的人才支撑与智力保障，从而充分展现高校思政教育队伍在新时代背景下不可或缺的工作价值与战略意义。

（二）落实立德树人的创新之举

教育的终极追求在于立德树人，这一理念不仅是我国教育体系的基石，也是高校思政教育工作的核心使命。在互联网技术日新月异的时代背景下，运用互联网思维对高校思政教育进行创新，不仅是对教育现代化进程的积极响应，更是提升思政教育实效性的关键路径。这一创新实践在塑造大学生世界观、人生观和价值观方面发挥着不可替代的主渠道作用，对于巩固大学生意识形态阵地，引导他们坚定信仰、拥护主流意识形态具有深远影响。

高校思政教育工作的本质，在于通过科学的理论知识和先进的思想道德体系，对大学生群体进行系统的思想武装和精神塑造，旨在提升其思想政治觉悟和道德境界，增强其认识世界、改造世界的综合能力。这一过程不仅关乎个体成长成才，更关乎国家未来和社会发展的方向与质量。

在互联网广泛渗透社会生活的当下，高校思政教育面临着前所未有的机遇与挑战。一方面，互联网为思政教育提供了海量的信息资源和多样化的传播手段，极大地丰富了教育内容和形式；另一方面，信息的碎片化、价值观的多元化以及网络空间的匿名性等特点，也给思政教育带来了诸多不确定性因素。因此，高校思政教育队伍必须深刻认识并准确把握互联网背景下思想政治工作的新特点和新规律，以此为基础，积极探索互联网与思政教育深度融合的新模式。

具体而言，这要求高校思政教育队伍在内容创新上，要紧密结合互联网时代的特征，将最新的理论成果、社会热点、网络文化等元素融入思想政治课程，增强课程的吸引力和感染力；在教育载体上，要充分利用互联网平台的即时性、交互性和个性化等特点，打造线上线下相结合、虚实交融的教育空间；在互动机制上，要建立一套基于互联网的师生沟通体系，促进师生之间的平等对话和深度交流，提升思政教育的针对性和实效性。

(三)青年成长成才的有力之举

教育作为国家的基石与民族的未来,其发展水平与潜力直接映射着一个国家的综合实力与文明程度。在高等教育日益成为衡量国家发展标尺的今天,互联网技术的蓬勃发展不仅重塑了知识获取的方式与学习形态,更为高校思政教育工作的革新开辟了广阔天地,赋予了前所未有的活力与可能。

互联网以其独特的魅力,为高校思政教育带来了革命性的变化。它极大地丰富了教育手段,拓宽了教育渠道,使得思政教育不再局限于传统的讲授与讨论,而是融入了图像、声音、视频等多媒体元素,使抽象的理论知识变得生动具体,极大地激发了大学生的学习热情与兴趣。这种教育模式的转变,不仅提升了思政教育的吸引力与感染力,更为青年学生的全面发展提供了强有力的支撑。

面对互联网带来的机遇与挑战,高校思政教育队伍需深刻把握思想政治工作规律、教书育人规律以及大学生成长规律,以时代为引领,以创新为驱动,因时而进、因势而新,不断探索与构建适应互联网时代要求的思政教育互动机制。这要求教师在教育实践中,既要注重从源头上精准把握大学生的思想动态与思想政治需求,又要在教育载体、教育内容等方面实现差异化与多样化,做到因人而异、因材施教。

在具体实施层面,高校推进思政教育工作需勇于突破传统框架,敢于创新教育模式。要注重教育内容的时代性与人文性,将最新的理论成果、社会热点、网络文化等元素融入思想政治课程,增强课程的现实针对性与时代感。同时,教师还需努力将传统思政教育与互联网新技术深度融合,通过大数据、人工智能等先进技术,精准分析大学生的思想政治状况,为每个学生提供定制化的教育方案,实现思政教育的精准化与智能化。

四、互联网背景下高校思政教育队伍建设的思想引领

互联网不仅改变了人们的生活方式、思维方式,也对高校思政教育工作的模式、内容及效果产生了深远影响。因此,加强互联网背景下高校思政教育队伍的建设,不仅是提升思政教育实效性的必然要求,也是培养新时代高

素质人才的战略选择。

第一，树立“互联网+思政教育”的融合理念。这一理念强调将互联网技术与思政教育深度融合，利用互联网的开放性、交互性、即时性等优势，创新思政教育的手段与方法。具体而言，高校应积极推动思政教育向数字化、网络化、智能化方向发展，利用大数据、云计算、人工智能等先进技术，构建线上线下相结合、虚实交融的思政教育生态，实现教育资源的优化配置与共享，提升思政教育的吸引力和感染力。

第二，强化“以学生为中心”的教育理念。在互联网时代，学生的信息获取渠道更加多元，思维更加活跃，对思政教育的需求也更加个性化、多样化。因此，高校思政教育队伍应充分尊重学生的主体地位，关注学生的实际需求，通过问卷调查、座谈会、在线交流等方式，深入了解学生的思想动态与心理需求，为学生提供更加精准、贴心的思政教育服务。同时，高校还应鼓励学生积极参与思政教育实践，通过志愿服务、社会实践等活动，增强学生的社会责任感和使命感，培养学生的实践能力和创新精神。

第三，互联网背景下高校思政教育队伍建设需注重“多元化、专业化”的人才队伍建设。随着互联网技术的不断发展，思政教育领域对人才的需求也日益多样化、专业化。高校应加强对思政教育队伍的专业培训，提升教师的专业素养和教学能力，使其能够熟练掌握互联网技术和思政教育理论，灵活运用多种教学手段和方法，提高思政教育的针对性和实效性。同时，高校还应积极引进具有跨学科背景、国际视野的优秀人才，丰富思政教育队伍的人才结构，提升队伍的整体素质和创新能力。

第四，互联网背景下高校思政教育队伍建设需构建“协同育人、开放共享”的教育生态。在互联网时代，思政教育不再是一个孤立的系统，而是需要与社会、家庭、企业等多方力量协同合作，共同育人的体系。高校应加强与政府、企业、社区等社会各界的联系与合作，建立协同育人的长效机制，共同开发思政教育资源，拓展思政教育空间，提升思政教育的社会影响力和实效性。同时，高校还应积极推动思政教育资源的开放共享，促进思政教育成果的转化与应用，为经济社会发展提供有力的人才支撑和智力支持。

第二节 高校思政教育队伍的建设途径

一、组建专业化的互联网思政教育队伍

(一)建立严格的选拔准入制度

高校思政教育需通过建立准入制度切实保证教育队伍质量,为思政教育队伍的建设提供良好的基础与保障[①]。高校要健全体制,明确队伍的职责,分工明确,在党委统一领导下,共管齐抓专兼职队伍,建立严格的准入制度,选拔任用从学历结构、知识结构、年龄结构三个方面严格执行。

1.完善学历结构,提升思政教育队伍的教育层次

在选拔与任用机制上,应设定更为严格且全面的选拔标准,不仅要求思政教育队伍候选人具备坚定的政治立场和优秀的道德品质,还应考察其学生干部工作经验、教育理论与实践能力等多方面素质。通过构建一套科学、公正、透明的选拔体系,确保选拔出既具备扎实政治理论功底,又富有实践经验和创新能力的优秀人才。同时,应建立具有市场竞争力的薪酬与福利体系,为高素质人才提供稳定的职业发展环境和良好的生活条件,解除其后顾之忧,激发其投身思政教育的热情与创造力。

在提升学历结构方面,应加大对思政教育领域的资金投入,积极引进具有博士、硕士等高学历背景的思想政治教师,以此为基础构建一支高水平、高素质的领导与教学团队。此外,还应鼓励和支持现有思政教育人员继续深造,通过攻读更高层次的学位、参加国内外学术交流与研修等方式,不断提升自身的专业素养与教育水平。

2.完善知识结构,促进教师之间优势互补

思政教育是一项涉及多学科、多领域的综合性工作,要求教师具备广泛的知识背景和深厚的专业素养。因此,在思政教育队伍的建设过程中,应注

①张世洲.信息时代的高校网络思政教育队伍建设[J].现代远距离教育,2013(03).

重拓宽教师的知识结构,促进其内部的知识互补与能力提升。

一方面,加强对心理学、伦理学等相关学科的学习与研究,以便更好地理解学生的心理活动特点,实现与学生的深度共鸣。同时,还应注重培养学生的批判性思维、创新能力和社会责任感等综合素养,为其未来的成长与发展奠定坚实基础。

另一方面,学生干部作为高校思政教育队伍中的重要组成部分,其管理、领导与协调能力对于提升整体教育效果具有关键作用。因此,应加强对学生干部的培训与指导,提升其综合素质和领导能力。同时,还应鼓励学生干部积极参与社会实践和志愿服务等活动,通过实践锻炼提升其社会责任感和团队协作能力。

为实现上述目标,高校可定期举办思政教育工作研讨会、学术交流会等活动,搭建经验交流平台,深化队伍建设理论研究。同时,通过举办专题知识讲座、开展专业培训等方式,不断丰富思政教育队伍的知识结构。在人员的选拔、任用与考核过程中,应灵活运用多种手段,如笔试、面试、实践考核等,确保队伍知识结构的完善与持续优化。

3.完善年龄结构,增强思政教育队伍的职业认同感

当前,高校思政教育队伍面临着年龄结构不合理、年轻人才流失等问题。这在一定程度上制约了思政教育队伍的青年化、专业化发展。针对这一问题,应采取以下措施加以解决:

一方面,进一步加大对思政教育学科的重视程度,通过增加资金投入、优化资源配置等方式,逐步缩小人文专业与自然科学专业在经费投入上的差距。同时,应积极探索建立更加科学合理的职称评审与激励机制,提升思政教育工作的社会认可度与职业吸引力。通过这些措施的实施,吸引更多年轻人投身于思政教育事业,为思政教育队伍注入新的活力与动能。

另一方面,加强思政教育队伍的职业认同感建设。通过举办职业发展讲座、开展职业规划指导等方式,帮助思政教育人员明确职业发展方向和目标,增强其对思政教育工作的认同感和归属感。同时,还应加强思政教育队伍的内部沟通与协作,营造积极向上的工作氛围和团队精神,激发其工作热情和创造力。

(二)组建五支互联网思政教育队伍

随着互联网的普遍使用,知识更新传播速度加快。思政教育工作应该根据新形势,建立专门的互联网思政教育队伍。根据不同的职能角色和工作内容,可以划分为不同的部门队伍类型,方便管理、教学和发展技术。

1.组建高校党政干部队伍

高校党政干部队伍作为思政教育队伍的核心组成部分,其建设对于保障互联网背景下思政教育的顺利开展具有重要意义。具体而言,应由校长办公室牵头,联合党委宣传部、网络中心等多部门,精心选拔作风务实、业务精良的骨干成员,共同组建高校党政干部队伍。该队伍不仅需负责制定保障互联网正常运行的相关规范制度,还需提供必要的物质保障与管理支持,确保思政教育在互联网平台上的有效实施。此外,高校党政干部队伍还应加强内部沟通与协作,形成高效协同的工作机制,以应对互联网环境下复杂多变的教育需求。

2.建设互联网理论课教师队伍

思想政治理论课教师需要转变观点,主要任务包含以下四个方面:

(1)建设网络课堂,例如武汉理工的“理工党员网”,包含新闻速递、理论学习、思政教育、先进典型等方面的内容,通过爱国主义经典影视剧、歌曲等方式,使得榜样教育、理论学习、爱国主义教育更有成效。

(2)设计生动活泼、品质精美的微课程。由思政教育院系(部)领导组织设计课程,将课程的教学、互动、评价通过微课程的形式,上传到手机端。在手机博客和微信公众平台上,设置精品微课程功能模块,由思政教育教学人员录制课程,将教学工作融入手机应用中,便于学生不受地点限制,随时随地学习。

(3)开展互联网思政教育工作的理论研究工作。对于互联网的内涵的研究,毕竟思想政治队伍建设是一个理论性和实践性都很强的课题。

(4)组建校园微信公众平台运营队伍。由学校思想队伍领导干部发起倡议,从团党委、宣传部、辅导员以及优秀的学生干部队伍里面选拔一批媒介素养高的人员,组建微信公共平台运营管理队伍。这样,不同职能部门、不同职位角色组建的队伍拥有不同的知识背景和教学经验,实现优势互补。

3.组建互联网辅导员队伍

互联网辅导员队伍在思政教育工作中扮演着举足轻重的角色。他们主要负责互联网的班级建设,组织学生运营维护好班级QQ群、微信、微信公众号、微博等社群和自媒体平台,以密切关注学生的思想动态。在此基础上,互联网辅导员还应积极参与网络上学生关注的热门话题讨论,传播正能量,加强舆论正面引导,营造积极向上的网络氛围。为实现这一目标,高校应加强对互联网辅导员的专业培训,提升其网络素养与思政教育能力,确保其能够更好地履行职责,发挥应有作用。

4.组建互联网学生干部队伍

互联网学生干部队伍作为思政教育队伍的重要补充力量,其建设同样不容忽视,该队伍主要以兼职为主,成员需立场坚定、政治觉悟高,且具备良好的群众基础。他们主要负责学校的BBS论坛维护与运营,招聘学生兼职运营学校自媒体,净化网络运营环境。在此过程中,高校应坚持学生建网站,支持学生管理网站,指导学生用网站的原则,引导学生干部科学文明上网,培养其成为网络空间中的正能量传播者与引领者。同时,高校还应加强对互联网学生干部的选拔与培养,提升其综合素质与领导能力,为思政教育工作的深入开展提供有力支持。

5.组建互联网技术队伍

互联网技术队伍在思政教育工作中发挥着不可或缺的技术支撑作用。他们主要负责为互联网应用于思政教育提供技术支持,如教学软件的制作、微信公众号等新媒体平台的开发与运营等。此外,根据领导安排,互联网技术队伍还需搭建互联网平台,为思政教育提供便捷、高效的线上服务。为实现这一目标,高校应加强对互联网技术队伍的专业培训与技术更新,提升其技术水平与创新能力,确保思政教育在互联网平台上的顺利实施与持续优化。同时,高校还应鼓励互联网技术队伍与思政教育队伍之间的紧密合作与交流,共同推动思政教育的创新发展。

二、提高互联网认识水平

(一)加深互联网认识

互联网的本质在于其“颠覆性”,它不仅带来了技术的革新,更催生了众多新兴的商业模式,对人们的日常行为、生活方式乃至思维方式都产生了深远的影响。随着智能手机用户的持续增长,这种影响愈发强烈,为高校思政教育队伍的建设提出了新的要求。因此,高校思政教育队伍必须更新观念,深化对互联网的认识,以更加开放、包容、创新的姿态迎接挑战,把握机遇。

第一,鼓励领导干部队伍创新研究,引领思政教育新风尚。高校思政教育领导干部队伍作为思政教育的引领者与决策者,应充分认识到互联网在思政教育中的重要作用,鼓励并支持思政教育实施者积极探索利用互联网开展教学与学生管理工作的新路径。为此,可以制定一系列激励措施,如设立专项基金、举办互联网思政教育创新大赛等,以激发思政教育实施者的创新热情,推动思政教育工作的转型升级。

第二,加强思政教育教学队伍理论研究,奠定坚实基础。高校思政教育教学队伍作为思政教育的直接实施者,其理论素养与实践能力直接关系到思政教育的质量与效果。因此,应加强互联网理论研究,深入剖析互联网对思政教育的影响机制,为创新思政教育方式提供坚实的理论基础。同时,还应加强对智能手机终端载体功能、移动智能办公系统改进等方面的研究,探索如何利用这些新技术、新平台提升思政教育的互动性、趣味性与实效性。

在深化互联网认知的过程中,高校思政教育队伍还需注重培养自身的互联网思维,即运用互联网的视角、方法与手段来审视、思考并解决思政教育中的问题。这要求思政教育队伍不仅要具备扎实的政治理论基础与专业素养,还要具备敏锐的信息意识、较强的信息处理能力与创新能力,以适应互联网环境下思政教育工作的新要求。

(二)建立“互联网+”思维

在互联网技术迅猛发展的当下,信息的传播方式与接收模式发生了翻天覆地的变化,每个人均成为信息的接受者与参与者,这一变化对高校思政教育队伍的建设提出了新的挑战与要求。为了有效抢占思政教育网络新阵地，亟需构建“互联网+”思维，将思政教育工作与互联网技术深度融合，以提升思政教育工作的效率与质量。

“互联网+”思维的核心在于将互联网技术与思政教育工作紧密结合，利用新技术与新媒体的优势，实现思政教育的创新性发展。具体而言，这一思维要求我们在高校思政教育队伍管理中，充分发挥主观能动性，加强与学生的互动交流，紧密联系学生干部队伍，深入挖掘互联网资源，充分发挥其独特优势。例如，通过建立师生微信群、QQ群等在线交流平台，我们可以实时掌握学生的思想动态，及时回应学生的关切与需求；通过建立党员思想建设的微信服务号、订阅号，我们可以定期推送党的理论知识、时事政策等内容，增强党员的思想觉悟与政治素养；通过录制生动活泼、喜闻乐见的微课程，我们可以将抽象的思想政治理论具象化、生动化，激发学生的学习兴趣与参与度。

作为教师，如何将符合社会主义核心价值观的理念有效传达给学生，是互联网时代思政教育面临的重要课题。传统的理论灌输方式在互联网背景下显得枯燥无味，难以引起学生的共鸣与兴趣。因此，我们需要积极探索创新思政教育方式方法，如运营思政教育类的微信公众号、打造移动智能平台等，以更加贴近学生、贴近生活的形式进行思想政治宣传与教育。这些平台不仅可以发布最新的思政教育资讯、解读时事政策，还可以开展线上互动、答疑解惑等活动，增强学生的参与感与归属感。

此外，还可以利用互联网技术优化教师的日常管理工作。例如，采用手机签到的方式替代传统的纸质签到，提高考勤效率；申请专门的移动网络管理部门，开发思想政治教师移动办公的软件，实现考勤、教学、交流、宣传等综合性功能的一站式服务。这些措施不仅可以减轻教师的工作负担，提高工作效率，还可以促进师生之间的紧密互动与交流，为思政教育的深入开展奠定坚实基础。

在构建“互联网+”思维的过程中，需要积极探索思政教育方式方法的创新。例如，可以利用大数据分析技术对学生的思想动态、行为习惯等进行深入研究，为精准施策提供科学依据；可以利用虚拟现实（VR）、增强现实（AR）等新技术打造沉浸式思政教育场景，让学生在身临其境的体验中深化对思想政治理论的理解与认同。这些创新方式不仅可以丰富思政教育的形式与内容,还可以提升思政教育的吸引力与感染力,为培养德智体美劳全面发展的社会主义建设者和接班人提供有力支撑。

三、提升运用互联网能力

(一)增强互联网素质培养

互联网素质不仅仅是指技术层面的掌握,还涉及对网络环境下教育规律的深刻认识、对网络舆论的敏锐判断,以及在网络空间有效传播正能量的能力。因此,增强高校思政教育队伍的互联网素质是推动思政教育创新性发展的重要途径,具体体现在以下方面:

第一,思想政治教师应提升自身的网络媒介素养。互联网时代的信息传播速度快、范围广、内容丰富,但信息的质量参差不齐,虚假信息、偏见和误导常常混杂其中。这要求思想政治教师具备较强的媒体识读能力,能够快速、准确地识别信息的真实性和价值,掌握网络信息传播的规律与特点。通过增强媒体素养,思想政治教师可以更好地引导学生正确看待和利用互联网信息,帮助他们树立科学的网络观,形成理性、健康的网络行为习惯。

第二,提升思政教育队伍对网络舆论的敏感性和应对能力也是互联网素质培养的重要方面。网络舆论具有瞬时性和爆发性,往往对社会思潮产生深远影响。思想政治教师作为意识形态教育的核心力量,必须具备较高的舆论敏感度,能够及时捕捉网络舆情动态,了解学生在网络环境中的思想状况和舆论倾向,从而有针对性地开展思想引导工作。通过强化网络舆情分析能力,思想政治教师可以有效预判和应对网络上的不良信息传播,及时疏导学生可能产生的错误观念和情绪,维护校园的和谐稳定。

第三,增强互联网素质还包括提高思想政治教师运用网络平台开展思政教育的能力。在互联网的推动下,传统的教学方式已逐渐转向线上线下相结合的混合模式,思想政治教师应熟练掌握各类教育平台和社交媒体的应用,积极运用新媒体技术创新思政教育的内容和形式。通过博客、微博、微信公众号、短视频等新媒体形式,思想政治教师可以打破时间和空间的限制，随时随地与学生进行思想交流和互动，传播思政教育的核心价值观念。网络互动不仅有助于加强师生之间的联系，也使思政教育的内容更加贴近学生的实际生活和思想需求，从而提高教育的针对性和实效性。

第四，互联网素质的提升离不开对网络伦理和法律意识的培养。思想政治教师在网络空间传播思想时，必须坚守道德底线和法律规范，杜绝不良信息的扩散，并引导学生树立正确的网络道德观和法律观。通过增强法律意识，思想政治教师不仅能够在教育中弘扬法治精神，还能够在网络空间中维护自身合法权益，营造清朗的网络环境。

（二）建立系统完善的培训机制

对于高素质的思政教育队伍来说，扎实的专业知识至关重要，同时也要紧跟互联网背景下的步伐，更新知识体系，发挥互联网思政教育的功能。因此，建立完善的培训机制至关重要，建立规范的规章制度，切实保障培训课程能够收到实效。

1.营造互联网媒介学习氛围

在互联网经济日益渗透到社会各个领域的今天，高校应积极与相关行业，尤其是互联网企业建立紧密的合作关系。邀请互联网领域的创业家、资深媒介从业者，以及教育领域的专家进入校园，开展主题报告会、讲座及创新教育方式的竞赛活动。这类活动不仅可以激发思想政治教师对互联网的兴趣，还能提高他们对互联网技术与应用的认知水平。通过组织专题研讨会，推动思想政治教师在互联网时代下的思想碰撞与深入交流，不仅有助于丰富他们的理论知识，还能帮助他们全面掌握互联网时代的教育趋势和最新变化。同时，培训过程中应注重将理论知识与实践操作相结合，使教师能够将所学理论有效地应用于教学实践中，进一步提高他们在互联网背景下的教学创新能力，优化思政教育的互联网应用成效。

2.建立多层次培训制度

高校思政教育队伍是一个具有多元化职能的整体，涵盖了从领导层到教学团队、辅导员以及其他支持人员。不同层次的人员在工作内容和职责上存在显著差异，因而思政教育队伍的培训工作需要因人施策，针对不同的职能队伍制定相应的培训计划。对于领导队伍而言，培训应侧重于高校互联网思政教育顶层设计，特别是制度的完善与创新。同时，领导层还需重点学习如何制定和优化教学考核与评估制度，以确保教育质量的提升。教学队伍的培训重点则应放在如何将互联网技术与思政教育有机结合，探索利用新型互联网平台和技术开展思政教育的新路径与新方式。辅导员的培训则应聚焦于职业化与专业化方面的提升，尤其是与互联网相关的新事物和新方法的培训，以便更好地应对学生群体的思想变化与互联网带来的挑战。至于心理健康服务团队和学生干部队伍的培训，则应注重提升其专业素养与实务技能，尤其是如何运用互联网工具更好地服务学生发展。

3.采用形式多样的培训方式

突破以往单一的培训模式是当前思政教育队伍培训的必然要求。除了传统的专题培训班、研讨学习会和座谈会外，互联网技术的发展为线上培训提供了广阔空间。高校可以通过构建移动学习社区、开发手机客户端，设计专门用于思想政治教师交流与学习的在线模块，打造线上与线下相结合的培训体系。通过这种双线并行的方式，既可打破传统培训的时空限制，又能增强互动性和参与度。尤其在验收培训成果方面，可以充分发挥手机网络的传播功能，鼓励思政教育人员通过手机端提交教学设计、学习心得等，借助移动互联网工具实现即时反馈和成果展示。此外，高校还应大力开发手机教育软件，为思政教育人员提供专业的移动端学习支持，提升培训的效果和效率，从而全面提升思政教育队伍的网络素养和互联网应用能力。

四、打造全新的考核激励体系

(一)完善考评指标体系

高校应以实践为基础，用创新理论制定完善的思政教育制度，构建一套完整的、科学的、有效的制度体系，作为工作的重要支撑，通过各种制度保障高校思政教育工作队伍的质量[①]。鉴于当前思政教育队伍中存在素质水平

①邱景怡.民办高校思政教育队伍建设[D].武汉：武汉理工大学，2014：2.

不一、部分成员工作积极性与动力欠缺的现状，加之原有考评指标已难以适应互联网环境所带来的新挑战与变革，因此，构建一套多层次、全面反映互联网时代特色的考评体系显得尤为重要。此体系的建立旨在有效激发思政教育人员的工作热情与创新能力，推动整个队伍向更高水平发展。

1.健全考核制度

（1）KPI考核法。针对高校思政教育工作的独特性，可以采用KPI考核法，结合不同岗位的职责要求，精心选取关键业绩指标进行量化考核。此举旨在确保个人工作目标与学校的战略发展目标保持高度一致，推动思政教育工作的深入发展。在具体实施过程中，需根据高校思政教育工作的总体任务，明确各岗位的职责与要求，进而将学校的思政教育工作目标层层分解，细化至每一个学院、班级乃至个人。通过实现人事对应，落实人事问责制，确保每一项工作都能得到有效执行与监督。

对于教学队伍而言，KPI考核体系应涵盖教学工作、科研工作、部门评价及其他工作四大类指标，其中教学工作指标占比较高，充分凸显其在教学工作中的核心地位。进一步，教学工作指标可细分为教学工作量完成情况、教学评价、教学获奖及其他教学活动等二级指标。在界定“教学评价”与“教学获奖”时，应充分考虑互联网技术的运用情况，鼓励教师利用互联网进行教学改革与创新。在互联网信息爆炸的时代，手机已成为人们获取信息的主要渠道。因此，在教案评比中，不仅要关注传统的黑板板书或电脑端PPT等教学资源输出方式，还应重视手机端课件、思政教育理论课微视频等新兴教学资源的开发与利用。通过增加手机端教学资源的输出方式，丰富教学手段，提升教学效果。此外，教学队伍可通过建立微信公众号等新媒体平台，倒逼自身关注时政热点、学习新型网络语言、熟悉网络文化，并结合思政教育课程的目标进行“隐形”教育。这种教育方式既符合当代大学生的信息获取习惯，又能有效提升思政教育的针对性和实效性。在评价教学效果时，应注重师生互动性的关键指标设计，如在线讨论活跃度、学生满意度等。通过这些指标的考核，可以直观反映教师在教学过程中的互动能力与教学效果，为进一步优化教学提供有力依据。

(2)考核制度的定性和定量相结合。定性考核主要侧重于对思政教育人员工作结果的总体评价,通过设定优良差等分类标准,对考核结果进行直观反映。而定量考核则更加具体和细化,它依据思政教育人员的工作职责,将工作内容逐一拆解,并制定相应的考核指标。这种考核方式能够更准确地衡量思政教育人员的工作成果,确保考核的公正性和客观性。针对不同岗位的思政教育人员,应实施因人而异的考核策略。具体而言,我们可以制定思政教育管理队伍考核制度、思政教育教学队伍考核制度、辅导员考核制度以及学生干部队伍考核制度等,以确保考核的针对性和实效性。这些制度应充分考虑各岗位的职责特点和工作要求,确保考核的公平性和合理性。在定量考核方面,应明确规定教学队伍的考核指标。这些指标包括但不限于参与网络知识培训的课时、制作互联网课件的数量、教学课时、论文发表数量、举办讲座次数以及职称晋升等。这些指标旨在全面反映思政教育人员在教学、科研、社会服务等方面的表现,为他们的职业发展提供有力支持。

同时,还应注重将互联网技术与考核工作相结合。例如,可以利用互联网技术建立在线考核平台,实现考核过程的自动化和智能化。此外,我们还可以利用大数据分析技术,对思政教育人员的工作数据进行深入挖掘和分析,为考核提供更加精准和客观的依据。

(3)采用全方位考核法。为了更有效地提升思政教育工作的质量和效率,可以引入全方位考核法,又称360度绩效考核法,这一方法通过员工自己、直属上司、直属下属以及同事的全方位评价,来全面衡量员工的绩效表现。在思政教育课程的评价中,采用同事评议、领导点评、学生评价以及自我认知四个维度的综合考量方式。这种全方位的评价模式有助于更清晰地认识到思政教育课教师在授课过程中的优点与不足,从而有针对性地改进教学方法,提升教学效果。

为了确保360度绩效考核法的顺利实施,可以设计一套便捷的网络评价系统。该系统支持电脑和手机等多种访问方式,使得评价者可以在任何时间、任何地点,只要连接网络,就可以轻松地进行评价和打分,并提出自己的宝贵建议。这种网络化的评价方式不仅提高了评价的效率,还增强了评价的便捷性。此外,还应该充分利用互联网的匿名评价功能。通过匿名评价,评价者可以更加大胆地表达自己对高校思政教育管理的看法、对教学队伍中教学效果的反馈以及对辅导员队伍工作效果的评价。匿名评价的方式减轻评价者的顾虑,使得他们能够更加真实地反映自己的内心想法,为思政教育队伍的建设提供了更加客观、全面的参考依据。同时,还可以采用无纸化的评价打分方式,这不仅减少纸张的浪费,还提高评价的效率。更重要的是,无纸化的评价方式使得评价者的评价更加真实、客观,避免了因纸质评价可能带来的种种不便和干扰。

2.建立全方位的工作绩效考评指标

互联网背景下,高校思政教育队伍的绩效考评指标必须充分考虑互联网因素,在具体考核指标设计上与时俱进,更新内容。思想政治教师要履行好自己的工作内容,必须具备良好的政治修养、思想素质、能力素质、道德素质、知识素质、生理心理素质。政治素质包括共产主义信念坚定、政治立场坚定不移,思维方式科学、思想作风良好,对党的路线政策理解并执行。道德素质主要体现在良好的职业修养和爱岗敬业的精神。知识素质包括熟知共产主义理论。能力素质包括表达能力、调查能力、研究能力、学习能力、组织协调能力、观察能力等。生理心理素质包括强健的体魄、稳定健康的心理素质等。

在互联网环境下,评价考核思想政治教师是否合格,工作是否能紧跟时代步伐,需要考察教师是否具备基本的网络意识,以及运用互联网思维解决实际问题的能力。因此,目前高校工作绩效考评指标体系的构建,必须考虑互联网带来的教育环境的变化、大学生的行为特征的变化等因素,除了注重考核思想政治素质和实际工作能力之外,还需要考察学习能力和知识能力。尤其注重考察教师的能力素质、知识素质。评判他们是否具备较强的学习能力,能够根据环境的变化,快速学习掌握新知识、新技能。考核指标尽量做到具体化、可行性强。以辅导员队伍为例,辅导员队伍考核一般从德、能、勤、绩、廉五个方面进行,对于“能”的指标设计方面,设置利用互联网开展实际工作的能力的具体二级指标，对于“绩”的考核方面，考核辅导员工作队伍是否积极利用互联网与学生互动，例如，建立微信群宣传学校最新政策。关注辅导员利用互联网开展工作的频率，是否配合领导层宣导科学用网的理念。

（二）完善激励约束机制

在互联网背景下，高校思政教育队伍的建设需要一套有效的激励与约束机制，以确保队伍的专业性和积极性不断提高。完善的激励约束机制不仅能够有效调动思想政治教师的工作热情，还能规范其行为，保证教育工作的科学性与严谨性。

第一，激励机制的建立应从物质与精神层面共同着力。物质激励是激发工作动力的重要因素之一，高校应根据思想政治教师的贡献程度，提供相应的经济奖励。例如，可以设置绩效工资、年终奖励、教学科研补贴等，以体现他们在育人过程中的实际价值。此外，学校还应积极改善工作条件，提供更多的学术资源和平台，鼓励思想政治教师在专业发展上不断进取。精神激励则更加注重提升思想政治教师的职业认同感与成就感。这可以通过设立荣誉称号、开展表彰活动、举办教学比赛等方式，提升他们的社会地位与职业满足感。

第二，约束机制的健全是确保思政教育质量的重要保障。高校应制定明确的岗位职责与工作标准，对思想政治教师的教学质量、学术研究、思想道德表现等方面进行定期考核。通过量化评估和绩效审核，既能发现问题，也能促使教师不断改进教学方法，提高教育实效性。同时，还应完善相关的惩戒措施，对不作为或未达到岗位要求的教师给予必要的警示与处罚，以维护队伍的整体形象和教育效果。

激励与约束机制并非相互割裂，而是互为补充、相辅相成的。良好的激励机制可以增强思想政治教师的工作积极性，提升他们对教育事业的责任感和使命感，而健全的约束机制则能引导他们规范行为、避免懈怠，确保思政教育的有效性与持续性。因此，构建一套科学合理的激励与约束机制，对于提升高校思政教育工作队伍的整体素质和水平至关重要。

在互联网迅速发展的背景下，高校思政教育的复杂性与挑战性也不断增加，这要求相关教师不仅具备扎实的专业知识，还要具备良好的信息化素养和互联网应用能力。因此，激励约束机制的设计还应与时俱进，结合信息化时代的特点，灵活应用现代技术手段。通过线上培训、远程教育资源共享等方式，提高思想政治教师的信息化教学能力，并将其作为考核的一部分，推动教师队伍朝着智能化、专业化的方向发展。

五、构建高校思政教育队伍建设网络生态圈

（一）打造新型手机移动办公系统

高校思政教育领导干部队伍需要加大经费投入，加大对手机载体建设的力度。在正确认识互联网技术带来的深刻变化，更新管理理念，对手机媒体有一个正确的认识。思政教育工作的开展应该加大经费投入，为思政教育工作提供便利，提高效率。高校思政教育互联网载体建设需要大量的资金、技术支持，是一个庞大的工程。在技术支持方面，应该培养一批互联网技术人才，提供技术支持。在硬件支持方面，高校要采购一定数量的通信设备，包括服务器、移动智能终端、监控设备等，提供便捷、快速、稳定的网络运营环境。在资金方面，除了学校相关部门拿出一定的经费外，还应该考虑通过与通信行业的企业合作，通过赞助合作、建立实习基地、资源共享等方式获取企业资金的支持，找到学校教育工作和企业推广工作的利益平衡点，寻求共赢。例如在高校招生季，发放学生电话卡时，与移动通信企业进行战略合作，在选择移动运营商时，让他们提供短信群发的增值服务，便于宣传部门通过计算机系统，群发关于学校重大政策、制度、通知的短信信息。

实现手机移动办公智能化是提高管理效率的重要手段，高校思政教育队伍建设也应该拥抱变化，由高校相关部门投入一定经费，开发手机移动办公系统。将思政教育队伍的考勤管理、教学评估、绩效考核、教学互动等管理过程与考核标准与手机办公室系统对接起来，采用技术手段，将学校教务、科研等行政部门的功能设计成各个功能模块，并进行整合，提高效率。将思政教育队伍管理的线下场景通过手机软件应用，进行线上管理。

(二)优化高校互联网环境

互联网是否规范运行,是否拥有保障其科学发展的配套制度以及机制,这直接影响着教育环境的优劣。高校环境、载体的变化对高校思政教育人员提出了更高的要求,显然对于思政教育队伍建设也产生了重大影响。因此,在互联网条件下,完善高校思政教育队伍建设,必须健全互联网运行机制。从国家宏观层面而言,需要完善相应法律法规,引导健康发展。从社会中观层面而言,需要增强互联网道德伦理规范建设,营造健康的网络环境。对于学校微观层面而言,应该坚持贯彻落实国家相关文件、制度指示,优化校园网络育人环境。

互联网让大学生获取信息变得前所未有的便利和快捷,社会重大事件和突发事件通过互联网传播速度快、传播范围广,任何国家都十分重视网络信息的监控与管制,以防止危害社会稳定的负面信息泛滥,影响大学生的世界观和价值观。在美国、日本、德国、澳大利亚等国家的高校中,为了给学生提供良好的网络环境,这些高校都制定了具体的网络管理办法,来优化网络环境,约束大学生使用网络的行为。网络信息安全成为我国国家安全战略的重要组成部分,高校作为社会主义核心价值观的重要宣传阵地,应该净化网络环境,依法审查网络信息,切实发挥思政教育前沿阵地的堡垒作用。

我国许多高校对于校园网络管理陆续制定各种规范校园网络使用的管理办法和制度措施。互联网的便利性给大学生上网提供更大自由的同时,也带来技术监控的障碍。例如,手机移动客户端的IP地址不是固定的,使得信息追踪难度加大。因此,互联网的管控方法,不能简单照搬固定互联网的管理办法,必须从实际出发,消除信息监控的盲区。

第一,高校应完善针对互联网使用的规章制度,加强对网络行为的管理与监控。这不仅包括技术层面的网络限制与安全措施,还涉及对学生行为的引导和规范。具体而言,学校可以通过设置网络访问限制、禁止访问非法网站、定期修补防火墙漏洞等技术手段,确保校园网络的安全性和规范性。此外,学校还应制定并推行明确的网络语言规范,要求学生在网络空间中遵守基本的文明用语标准,避免不当言论的传播。更为重要的是,建立明确的互联网道德伦理规范,帮助学生树立正确的网络使用观念。由于互联网的虚拟性,许多大学生在网络上容易产生脱离现实责任感的心理,在公共事件中轻率发表不负责任的言论,甚至聚众散播网络谣言,这种行为不仅对社会舆论产生负面影响,也反映了部分学生在网络道德上的缺失。网络病毒、垃圾信息、网络暴力等现象则进一步凸显出大学生在虚拟环境中的道德约束力不足。在此背景下,高校应当通过系统性的道德教育和规范,帮助学生在心理层面树立明确的道德底线和行为准则。

第二,加强学生文明使用互联网的教育,是防范网络风险、促进学生健康成长的重要举措。高校应将网络安全教育纳入学生日常教学和管理之中,通过开展专题讲座、网络安全宣传活动、网络道德教育课程等形式,帮助学生提升网络安全意识。针对网络上可能出现的危害国家安全、破坏社会稳定的过激言论和行为,学校应采取严格的管理措施,及时给予警告和批评教育,情节严重或触犯法律者,应依法上报相关执法部门处理。通过这种方式,学校不仅可以有效遏制不良信息在校园中的传播,还能培养学生对网络言论自由与社会责任的正确理解,防止其在虚拟世界中迷失自我。

第三,高校应积极配合相关部门,支持网络信息监控工作的开展,构建移动终端监督制度,强化校园网络的安全管理。随着智能手机和移动设备的普及,学生使用移动终端接入互联网已成为常态。因此,学校应组建专业的互联网技术团队,负责校园无线网络的日常运营和维护,确保其稳定性和安全性。同时,技术团队应对校园舆情保持高度敏感,利用大数据和人工智能技术,实时监控网络动态,及时识别和应对潜在的舆情风险和突发事件。在此基础上,学校还应建立健全的危机处理机制,确保在突发舆情事件发生时,能够迅速、有效地采取应对措施,防止负面信息的进一步扩散和升级。

第四章 互联网背景下高校思政教育的技术应用

第一节 区块链技术助力高校思政教育

区块链技术以分布式账本、非对称加密、共识机制和智能合约为核心，具有去中心化、开放性、独立性、安全性和匿名性等特点。它为各行各业提供了解决安全、信任和发展等多种问题的技术支持，也引起了教育界的广泛关注。在高校思政教育不断创新发展的背景下，面对学生学习兴趣不足和育人效果难以提升等问题，利用区块链技术促进高校思政教育的创新，能够为思政教育带来全新的育人形式和评价方式，具有重要的可行性和必要性。

一、区块链技术及其要素

区块链的起源主要始于比特币的出现，比特币背后所代表的一项底层技术。比特币是一种P2P(点对点)形式的虚拟货币，采用密码技术(又称挖矿)来控制货币的生产和转移，因此比特币也被认为是一种电子加密网络货币，由于其有特殊的隐秘性，成为全球电子交易和线上支付的媒介。

区块链是通过去中心化和去信任化的方式集体维护一个可靠的资料库的技术；区块链技术是一种资料结构，是一串透过密码学方法产生的资料块，透过资料块的链接便能产生所谓的区块链，采用点对点分散式的网络特性以特殊数学函式与演算法为基础，加上交易记录分散式储存，被视为是一种安全、可靠的交易储存技术。区块链技术最关键的一点是时间戳，时间戳服务器通过以区块形式存在的一组数据实施随机散列并加上时间戳，在网络中进行广播，每个时间戳在散列中都包含前一个时间戳，依序串联下去，形成一个链。

区块链技术主要是用于数位加密货币比特币，区块链的技术也影响金融、资讯、政府、教育等领域。区块链是结合不同领域的技术建构出一个公开、安全且分散式的网络，在区块链中各个节点中的资料都必须通过安全性高的加密方法进行数据加密，且写入到节点里的任何资料都无法进行篡改。现今区块链的应用也越来越广，不再局限于数位货币或金融领域，如供应链、医疗、教育、政府治理等领域。区块链具有去中心化、集体维护性、无法篡改和匿名的特性，是一个目前被看好的资料保管方式，包括私有链、联盟链、公有链等类型。

区块链具有以下四大要素：第一，密码学机制。透过复杂的加密机制能够保障资料隐私，虽然交易资讯在网络中是共享的，但是这些资讯都需要进行加密，需要有对应的私钥才能够解密看到讯息，也因此不用担心资料被篡改或遗失。此外，使用数位签章进行交易的验证与签署，使交易达到不可否认性。使用散列演算法进行交易并记录，让交易难以伪造、篡改。因此，密码学机制让区块链有私密性、不可否认性、资料完整性的特性。第二，分散式账本。区块链网络由多个节点组成，在网络中的所有交易资讯皆会透过广播传到每个节点，将每个节点视为一本账本，形成分散式账本的概念，让交易记录可追溯，一旦完成交易后，数据难以篡改。分散式账本拥有资料正确且不可篡改、可追踪的特性。第三，智能合约。传统金融活动，需要借由可信任第三方机构介入，协助金融交易进行，比如转账给他人时，需要过银行。区块链中的智能合约将制定好的条约写入区块链中，借由程式码自动化执行，简化交易过程，让双方不用透过第三方直接交易，省下交易成本。智能合约有资料完整性、可追踪性及不可否认的特性。第四，共识机制。在集中式管理中，交易资料是由中央机构所掌管，若中央系统遭受恶意攻击，或是有心人士的介入，难以保证资料的正确性，而在分散式账本的环境下，区块链网络中的每个节点皆拥有交易记录，并且以投票的方式取多数，得以获得资料的正确性共识，这种去中心化的网络，若要篡改资料必须让大部分的账本都进行更改，相当困难，因此大大降低安全供给及金融欺诈的风险。共识机制拥有资料正确性、不可否认及可追踪的特性。

二、区块链技术助力高校思政教育的必要性

区块链技术以其精准、高效的特征，可以全面洞察、收集学生数据的优

势，借助区块链技术科学地开展教学安排工作，可以使学生的潜力得到充分激发、促使其优势得到发挥，将劣势转化为利于自身发展的优势，能解决当前高校学生教育管理无法深入洞悉学生思想、行为的科学测量及数据化问题，又能发现学生发展规律和思想行为预测等行为。思政教育理论课要想获得进一步的发展，在培养符合社会发展的社会主义接班人时取得更好的成效，就必须走向系统化、科学化。变革是社会发展的永恒主题。通过将区块链技术运用于思政教育中，让每个学生都参与教育教学的管理，做课堂管理的主人，记录学生的学习情况，提高教学内容的针对性，不断提升学生的兴奋点，以此促进学生思政教育管理体制机制改革，促进教育教学高质量发展。因此，在思政教育中引入区块链技术是教育管理体制机制改革、发展的内在需要。

三、区块链技术助力高校思政教育的可行性

区块链独有的分布式账本、非对称加密等技术，能解决经济交往中存在的多种现代化问题，带来了信息技术层面的革命性发展，其相关技术在高校思政教育中也具有较强的适用性。区块链技术可以丰富思政教育的内容和形式，拓宽教育的手段和途径，提升思政教育的针对性和实效性，并创新教育的多元评价形式，构建学生“追踪”档案，从而夯实“三全育人”机制，为思政教育效果带来精准化评价，从而助推思政教育发展信息化、时代化、多元化。

（一）区块链技术丰富思政教育的内容和手段

高校思政教育重在通过向大学生传递思想政治相关理论知识，培养学生正确的思想价值观，帮助学生学会用思想政治相关理论知识解决实际问题并树立坚定的理想信念。其主要教育内容包括马克思主义基本理论、马克思主义中国化思想体系、思想道德素养及时事政治等；主要教育形式为高校思想政治理论课、大学生思想政治讲座及相关实践活动等；教育场域也多被局限于高校校园内。运用区块链技术，高校思政教育的内容都会得到不同程度的丰富，教育的场域也会得到相应拓展，教育的手段也得以发展并契合时代的要求，思政教育创新发展也更加有据可循。

一方面，区块链技术具有集体维护、新型信任等多种特征，能够丰富思政教育的内容。在思政教育中运用区块链技术，全国思政教育工作者共同设计维护教育资源库，教育资源库也面向全国高校提供内容资源支撑，其中的思政教育优秀案例、最新的时政消息、优秀教师的教学教案等都可为高校思政教育提供内容选择，经济落后或偏远地区的高校可与先进地区共享丰富的思政教育内容，进而获得更有效的教育成果。

另一方面，区块链技术的分布式账本、智能合约等核心技术能丰富思政教育的手段。当前，高校思政教育已将目光转向信息化的教学手段，变革传统教育模式。高校和思政教育者也更重视信息化教学手段在教学中的有效作用，将区块链技术运用于思政教育中，能为思政教育带来更多可选择的手段。同时强化信息化教学中对学生学习、教师教育等的检测，确保新型教育方式的效果。区块链技术运用至高校思政教育，助力教育工作者抓住教育对象，满足学生对新兴技术的需要；助推教师对教学对象的深刻了解，拉近彼此的距离，打开突破口；推动网络思政育人手段的落地生根。

此外，通过区块链技术，思政教育将不仅仅局限于课堂和校园，课外甚至校外多种多样的思政教育将成为现实，同时与校内课堂教育有机结合，打破思政教育单向传输教育内容的模式，大学生可以体会多种形式的学习，从而也使思政教育的场域不断得到拓展。由此，思政教育的创新发展方能得到坚实的基础保障。

（二）区块链技术增强思政教育的针对性

高校运用区块链技术，将分布式账本核心技术系统运用于思政教育中，能为每个参与思想政治学习的学生建立专属于自己的学习账本，并为其提供完整的学习数据，建立“可追踪”“可溯源”的信息化档案，进而从学生主体层面提升思政教育的针对性。在思政教育中运用区块链技术，可在收集每个学生个人信息、学习特征、学习过程等个性化信息的基础上，将此类信息数据用区块链技术相关程序进行记载和存储，为学生生成专属的学习账本，不断丰富完善学生学习账本信息的完整度和有效性。依靠学生特有的学习账本，高校和思政教育工作者能从中发现学生的学习兴趣和习惯，从而进行因材施教,更有针对性地为学生设计适合其当下学习的思政教育内容和手段。同时,思政教育工作者与学生个体之间也可通过区块链技术的智能合约等技术实现有效交流,从师生双方的交流和学生独特学习信息账本中制定更符合学生学习特征的教学目标和方案,并借助区块链技术实现对学生学习过程的监督和及时引导,从而在提升教育针对性的基础上获得思政教育的创新和高效发展。

(三)区块链技术创新思政教育的评价方式

对思政教育效果的精准有效评价能充分反映学生对思政教育的接受程度,体现思政教育对学生精神思想的影响,为教育内容和手段的调整提供有效参考。以区块链技术助力高校思政教育的创新,能发挥区块链技术去中心化和智能分析的优势,为学生建立去中心化的成绩单,智能分析出学生在接受思政教育中的表现和学习效果,使思政教育者精准评估教育效果并有效调整教育内容和手段,促进教育的创新进步。

利用区块链的去中心化技术,思政教育工作者可实现对学生学习过程的全方位了解和动态监督,可对学生与思政教育相关的信息数据进行全面收集,从而为教育效果评价提供全面的数值参考。去中心化的评价方式还能打破教育工作者为主体的单向评价模式,实现思政教育评价主体的多元化,更加提升评价的客观性和有效性。

此外,利用区块链的智能合约和智能化分析技术,教师可对学生开展多元化评价,对学生各场域的学习效果作出量化评价,并对相关学习数据作出全过程的立体化分析,从而实现对学生思想政治学习效果的全面评估,也可以用来评估高校的思想政治铸魂育人功效。“三全六专”作为高校思政教育的具体抓手,利用区块链技术的智能分析,推进评价过程升级,并以相关数据反哺高校的铸魂育人创新。如此,高校思政教育便可实现评价方式的共赢,弥补传统显性结果性评价的缺陷,为教育工作者更全面地了解思政教育效果提供便利,同时也可促进思政教育工作者不断以评价结果为依据改进教育手段并完善教育内容,从而带动思政教育实现更有效的创新发展。

四、区块链技术助力高校思政教育创新的突破

为实现教育在区块链技术支撑下的创新和进步，高校需从教师和学生的态度层面入手，转变其对使用区块链技术的态度，并引导教师深入研究区块链技术与思政教育的契合，充实理论基础，健全保障机制。

（一）激励教师态度，系统培训提升技术使用能力

高校思政教育基本包括思想政治理论课教学和日常思想政治熏陶和教育。教师在日常研究和教育教学中担任较为固定且重要的工作和任务，造成其对使用区块链技术创新思政教育的不积极，也影响其使用区块链技术的能力。为此，高校应为教师提供适当的奖励激励机制，以此转正教师对待和使用区块链技术的态度，帮助其实现认识层面的跨度，并为教师提供系统培训，提升其使用区块链技术创新思政教育的能力。

一方面，高校应建立适当的任务规定和激励惩效，转正教师对区块链技术创新教育的态度。高校应将制作网络思政教育课件作为教师的任务，按时间段规定教师的工作量，并对工作任务的质量进行实时监督，确保教师在日常教育教学中使用区块链技术。同时，高校还应对区块链思想政治信息资源库中的内容进行评比，对制作优秀教育课件或有效应用资源库的教师给予一定奖励，激发教师积极使用区块链技术创新思政教育的积极性并将其落到实处，切实实现教育的创新发展。

另一方面，高校应对教师提供培训，提升教师的使用技能，帮助思政教育实现区块链技术助力下的创新。教师需经过系统技术培训，才能具备在教育中使用区块链技术的能力，所以高校应为其提供系统的校内培训或参加校外培训的机会。不具备使用区块链技术能力的高校，应组织教师参加校外技能培训，帮助教师学会区块链技术在思政教育中的运用技能，推动区块链技术在教育中的落实。

（二）引导教师研究区块链技术与思政教育的契合

当前研究区块链技术在高校思政教育中的运用尚处于初步探索阶段，相关理论成果和实践案例较少，成为区块链技术助力高校思政教育创新的

阻碍。鉴于思想理论对人的行为活动的指导性和事物发展进步的重要性，高校应引导教师深入研究区块链技术与思政教育的契合，为相关技术助力意识形态教育创新提供理论基础和思想引领，确保技术运用和创新发展的正确方向。

第一，高校应有意识地引导教师转化创新研究的方向。将教育教学的研究眼光置于区块链技术与教育的契合层面，深化对区块链相关技术的认知，把握区块链技术在思政教育中运用的特征和内涵，从思想理论层面为区块链技术的运用和思政教育的创新发展奠定基础。在此过程中，高校应引入或培养专门的区块链技术人员，与教师深入合作，共同致力于相关理论的研究和开发，确保区块链技术研究和运用的正确性和有效性。

第二，高校应重视培养教师的信息素养。注重培养理想信念、政治方向和教育技能都无比坚定和强大的综合素质较高的教师。区块链技术属于新型信息技术，只有教师具有较强的信息素养，其在研究区块链技术与思政教育的契合相关理论或实践区块链技术的运用时才能取得应有的实效，区块链技术助力思政教育创新才能得到坚实的理论支撑。

（三）以区块链技术为基础扩大学生参与度

使用区块链技术创新高校思政教育，高校不仅需从区块链具体技术中汲取支撑，还应以区块链技术的相关原理为参考，从中得出可在思政教育具体实施中采用的理论概念。针对高校大学生学习主体参与区块链技术思政教育的积极性不高、对教师教学内容接受度不够高等问题，高校应从以下三个方面着手进行突破，切实实现区块链技术在高校思政教育创新中的推动作用。

首先，高校应为大学生设立专属的学习账本，以区块链技术中的分布式账本技术和原理为支撑吸引大学生主动参与思政教育。高校为大学生建立思想政治学习账本，不仅能记录学生对理论知识的学习和实践过程，还能以区块链技术的智能分析为学生提供掌握相关理论知识可能获得的收益，激励大学生积极主动学习。同时，学习账本还能为学生提供独特的学习规划，吸引大学生主动参与学习。

其次,高校应以去中心化的教育形式改变教育主体对区块链思政教育的态度,扩大大学生教育主体在教育中的参与范围。去中心化教育是在高校思政教育中借鉴区块链的去中心化技术,达到思政教育资源在全国范围内的平等共享,从而使固有的教育模式被打破。大学生在教育中的主观能动性能得到较大程度地发挥,其对思政教育的心态便会更加积极。

最后,高校应借助区块链中的非对称加密技术,在思政教育中建立师生新型信任机制,促进区块链思政教育在师生双方的良性互动中获得创新。区块链的非对称加密技术利用交易双方的特定心理达到信任目的。在思政教育中,高校也应合理应用这一技术,转变教师教育态度,激发大学生教育主体的主动性,使双方能在平衡的地位中建立新型信任关系,双方互相信任、良性互动,共同致力于思政教育的良性创新发展。

(四)完善保障机制,确保区块链技术助力教育的安全有效

区块链技术的运用需要完善的机制保障。虽然区块链技术能为高校思政教育带来全新的技术和思想指导,使教育获得内容、手段及教育场域等多角度的创新,使思政教育实现"三维"到"四维"的转变,但区块链技术的运用也需得到应有的保障,其在助力思政教育创新时才能安全有效地发挥作用。

首先,高校应构建安全稳定的网络环境,保障区块链技术在高校思政教育中的稳定运行。区块链技术的使用以网络连接为基础,所以需要高校提供安全稳定的网络环境,确保师生在使用区块链技术开展思政教育时能得到顺畅、和谐的体验。

其次,高校应结合本校网络思政教育平台,推动区块链技术使用长效机制,充分挖掘思政教育在线资源,并以区块链的形式平等共享教育资源,确保区块链技术有效融入高校思政教育。

最后,高校应在校内协调各部门,在校外结合家庭、社会社区共同努力,结合志愿平台、实践平台,建设区块链技术思政教育全面协同保障机制。致力于引导大学生正确使用区块链技术开展思想政治学习,并同时对大学生使用区块链技术学习相关理论知识进行监督和及时反馈,确保区块链技术教育创新的有效性。

第二节 人工智能赋能高校思政教育

一、人工智能及其特征

人工智能,作为当代科技发展的前沿领域,其本质在于通过计算机及相关先进技术模拟、延伸和拓展人类的智能。这一技术不仅代表了人类对于智能本质理解的深化,也预示着社会生产活动将迎来一场深刻的革命。人工智能的特征,主要体现在其模拟化、仿真化的技术特性,以及由大数据、云计算和深度学习所构成的三大核心技术要素上。

人工智能的模拟化、仿真化特征是人工智能最为显著的技术特点。这一特征体现在人工智能系统能够模拟人类的思维过程,包括感知、理解、推理、学习、决策等多个方面。通过计算机视觉、自然语言处理等技术,人工智能系统能够“看到”图像、“听到”声音、“理解”语言,从而与人类进行交互,甚至在某些方面超越人类的感知能力。同时,人工智能系统还能够模拟人类的思维运作机制,通过深度学习等技术,从海量数据中提取有用信息,发现数据之间的内在联系,为人类提供更加精准的决策支持。

人工智能的三大核心技术要素——大数据、云计算和深度学习,共同构成了其强大的技术支撑。大数据为人工智能提供了丰富的数据源,使得人工智能系统能够拥有更广泛的感知能力。云计算则为人工智能提供了强大的计算能力,使得人工智能系统能够处理更加复杂的问题,实现更加高效的决策。而深度学习则是人工智能技术的核心,通过模拟人类神经网络的运作方式,深度学习使得人工智能系统能够自主学习、自我优化,不断提高自身的智能水平。

在深入探讨人工智能的技术特征时,不得不提到其三大技术特征:技术类人考量、技术快速计算和技术精确执行。

技术类人考量是人工智能最为本质的特征之一,它使得人工智能系统能够模拟人类的思维方式,主动思考并解决问题。通过模拟人类的思维运作机制,人工智能系统能够主动寻找数据之间的内在联系,解决人类在生产生活中遇到的各种问题。这种能力使得人工智能系统不仅能够成为人类的得力助手，更有可能在某些领域超越人类的智能水平。

技术快速计算则是人工智能系统的另一大特征。在大数据时代，数据的处理速度往往决定了信息的价值。人工智能系统通过云计算等技术手段，能够在极短的时间内完成海量数据的处理和分析，为决策提供有力的支持。同时，这种快速计算能力也使得人工智能系统能够实时响应各种复杂情况，确保系统的稳定性和可靠性。

技术精确执行则是人工智能系统的又一重要特征。在执行任务时，人工智能系统能够严格按照设定程序进行操作，确保任务的准确性和高效性。这种精确执行能力使得人工智能系统能够在各种复杂环境中稳定运行，为人类提供更加可靠的服务。

二、人工智能赋能高校思政教育的必要性

在教育领域，特别是在高校思政教育中，人工智能的引入和应用不仅为传统的教育模式带来了革命性的变革，也为高校思政教育的创新发展提供了新的可能。

(一)提高教育资源的优化配置

高校思政教育面临着资源分配不均、利用效率不高等问题。人工智能技术的应用可以有效解决这些问题，提高教育资源的优化配置能力。通过人工智能技术，可以实现对教育资源的智能调度和分配，确保每个学生都能获得优质的教育资源。同时，人工智能还可以对学生的学习过程进行实时监控和数据分析，为教师提供科学、准确的反馈，帮助他们更好地了解学生的学习情况，从而调整教学策略，提高教学效果。

(二)促进教育模式的创新

传统的高校思政教育模式往往以灌输式教育为主，缺乏互动性和个性化。人工智能技术的应用可以打破这一模式，促进教育模式的创新。通过人工智能技术，可以构建智能化、个性化的学习平台，为学生提供多样化的学习资源和个性化的学习路径。同时，人工智能还可以根据学生的学习情况和需求，智能推荐相关的学习内容和活动，激发学生的学习兴趣和积极

性。此外,人工智能还可以实现师生之间的实时互动和交流,提高教育的互动性和实效性。

(三)增强教育的针对性和实效性

高校思政教育需要具有高度的针对性和实效性,以应对复杂多变的社会环境和学生需求。人工智能技术的应用可以极大增强教育的针对性和实效性。通过人工智能技术,可以对学生的思想动态、行为特征等进行深入分析和挖掘,发现学生存在的问题和需求,为教师提供有针对性的教育方案和策略。同时,人工智能还可以根据学生的学习情况和反馈,及时调整教育内容和方式,确保教育的针对性和实效性。此外,人工智能还可以对教育效果进行实时监测和评估,为教师提供科学的评价依据和改进方向。

(四)提升教育的智能化水平

随着大数据、云计算等技术的发展,人工智能已经具备了强大的数据处理和分析能力。在高校思政教育中,人工智能的应用可以提升教育的智能化水平。通过人工智能技术,可以实现对海量教育数据的智能分析和挖掘,发现其中的规律和趋势,为教师提供科学、准确的决策支持。同时,人工智能还可以对教育过程进行智能监控和管理,确保教育的规范性和有效性。此外,人工智能还可以为教师提供智能化的教学辅助工具和服务,帮助他们更好地开展教学活动和提高教学效果。

(五)应对网络时代的新挑战

在网络时代,高校思政教育面临着诸多新的挑战。例如,网络信息的复杂性和多样性使得教师难以准确把握学生的思想动态和行为特征;网络空间的匿名性和虚拟性使得教师难以进行有效的监管和管理;网络文化的多元性和冲突性使得教师难以进行有效的引导和干预。人工智能技术的应用可以有效应对这些挑战。通过人工智能技术,可以实现对网络信息的智能过滤和筛选,为学生提供健康、有益的学习环境;可以实现对网络空间的智能监管和管理,确保学生的网络行为符合规范;可以实现对网络文化的智能引导和干预,帮助学生树立正确的价值观和世界观。

(六)培养适应未来社会的创新人才

高校思政教育的最终目的是培养适应未来社会的创新人才。人工智能技术的应用可以为实现这一目标提供有力支持。通过人工智能技术,可以为学生提供更加丰富的学习资源和更加个性化的学习路径,帮助他们更好地发掘自己的潜力和兴趣;可以为学生提供更加智能化的学习工具和服务,帮助他们更好地掌握知识和技能;可以为学生提供更加广阔的实践平台和机会,帮助他们更好地锻炼自己的创新能力和实践能力。这些都将有助于学生成为适应未来社会的创新人才。

三、人工智能赋能高校思政教育的原则

在人工智能技术的广泛应用中,将其融入高校思政教育已成为教育领域的一大趋势。为了确保人工智能技术的有效运用,并保障教育的质量和方向,需要遵循一系列原则来指导实践。

(一)遵循伦理原则

第一,尊重人权。在人工智能赋能高校思政教育的过程中,我们必须始终尊重和保护学生的基本人权,包括隐私权、知情权、选择权等。学生的个人信息应得到严格保护,不应被滥用或泄露。同时,人工智能技术的应用不应侵犯学生的自主选择权,学生应有权选择是否接受人工智能的辅助教学。

第二,公正公平。人工智能赋能教育应确保公正公平的原则。在教育资源的分配、学习机会的提供以及学习成果的评价等方面,应避免因人工智能技术的运用而产生的不公平现象。所有学生都应享有平等的受教育权利和机会,无论他们的家庭背景、经济条件或其他因素如何。

第三,责任追究。在使用人工智能技术进行教育时,应建立责任追究机制。如果人工智能系统的应用出现了问题或故障,应有明确的责任主体承担相应的责任。同时,教师也应承担起监管和管理的责任,确保人工智能技术的正确运用和教育的质量。

(二)遵循价值原则

第一,坚持正确导向。人工智能赋能高校思政教育应坚持正确的价值

导向。在教育过程中,应弘扬社会主义核心价值观,引导学生树立正确的世界观、人生观和价值观。同时,应避免传播不良信息或错误思想,防止对学生的思想和行为产生负面影响。

第二,注重人文关怀。在人工智能技术的应用中,我们应注重人文关怀。教师应关注学生的情感需求和心理变化,通过人工智能技术为学生提供更加个性化、温暖的教育服务。同时,教师还应关注学生的全面发展,不仅注重知识的传授,还要注重培养学生的品德、能力和创新精神。

第三,尊重多元文化。在高校思政教育中,我们应尊重多元文化的存在。人工智能技术的应用应充分考虑不同学生的文化背景和差异,为他们提供多样化的学习资源和个性化的学习路径。同时,教师还应引导学生尊重和理解不同文化之间的差异和多样性,促进文化交流和融合。

(三)遵循自律原则

第一,严格自律。教师在使用人工智能技术时应严格自律,遵守相关的法律法规和道德规范。他们应确保人工智能技术的正确运用和教育的质量,不得利用人工智能技术从事违法违规活动或谋取不正当利益。

第二,不断学习。随着人工智能技术的不断发展和更新,教师需要不断学习新知识、新技能以适应变化。他们应关注人工智能技术的最新发展动态和趋势,不断更新自己的教育理念和教学方法以应对新的挑战。

第三,自我评估。教师应定期对自己在人工智能赋能高校思政教育中的表现进行自我评估。他们应反思自己的教育行为和教育效果是否符合预期目标,并根据评估结果及时调整自己的教学策略和方法。

第四,交流合作。教师之间应加强交流合作,共同推动人工智能技术在高校思政教育中的应用和发展。他们可以通过分享经验、交流心得等方式相互学习、相互借鉴以提高教育质量。同时,他们还可以与相关行业和企业建立合作关系,共同研发更加先进、实用的人工智能教育技术,以更好地服务于高校思政教育事业。

四、基于人工智能的高校思政教育教学路径

(一)构建大学生画像,开展精准教学

在人工智能技术的推动下,高校思政教育正迎来创新发展的黄金时期。其中,构建大学生画像并开展精准教学,成为实现教育个性化的重要路径。

1.整合数据

构建大学生画像的首要任务是收集与整合学生的多维数据。这些数据不仅包括学生的基本信息,如年龄、性别、专业等,还应涵盖学生的学习成绩、兴趣爱好、社交关系、心理特征等多方面的信息。通过大数据技术,我们可以从学生的学习平台、社交媒体、校园一卡通等多个渠道获取这些数据,并进行清洗、整合和标准化处理。

2.画像构建与分析

在收集到足够的数据后,可以利用人工智能算法构建大学生画像。这些算法可以根据学生的数据特征,将学生分为不同的群体或类型,并为每个群体或类型的学生打上相应的标签。同时,我们还可以通过数据挖掘技术,发现学生之间的潜在联系和规律,为后续的精准教学提供有力的支持。

在画像构建的基础上,可以进一步对学生的学习行为、思想动态、心理变化等进行分析。通过分析,我们可以更深入地了解学生的需求和问题,为教师提供更加精准的教育建议。

3.精准教学策略制定

基于大学生画像和数据分析的结果,可以制定更加精准的教学策略。这些策略可以包括个性化的学习路径规划、针对性的教学资源推荐、实时的学习反馈和评估等。例如,对于学习困难的学生,我们可以为他们提供额外的辅导资源和学习支持;对于兴趣广泛的学生,我们可以为他们推荐更多元化的学习内容和活动。

4.智能化教学平台搭建

为了实现精准教学的有效实施,我们还需要搭建智能化的教学平台。

这个平台应该具备的功能包括：一是能够根据学生的画像和数据分析结果，为学生推荐个性化的学习资源和活动；二是能够实时跟踪学生的学习进度和效果，为教师提供及时的反馈和评估；三是能够支持师生之间的实时互动和交流，提高教育的互动性和实效性。

5.持续优化与迭代

精准教学是一个持续优化的过程。在实施过程中，我们需要不断收集和分析学生的学习数据，了解学生的学习效果和反馈，并根据这些信息对教学策略和平台功能进行持续优化和迭代。只有这样，我们才能确保精准教学的有效性和可持续性。

总之，构建大学生画像并开展精准教学是基于人工智能的高校思政教育的重要创新路径之一。通过收集和分析学生的多维数据，构建精准的学生画像，制定个性化的教学策略，并搭建智能化的教学平台，我们可以实现更加精准、高效、个性化的教育服务，为培养具有创新精神和实践能力的高素质人才提供有力支持。

（二）利用人机互动，实现趣味性的教学

1.人机互动的深化，实现高效的教学互动

在高校思政教育中，人机互动不仅仅局限于传统的点击与响应，而是涵盖了更为广泛的交互形式。这种互动不仅存在于人与机器之间，还涉及人与人之间的深度交流。

（1）人机互动能够显著提升教学效率。通过人工智能教育教学设施，教师和学生可以实时与机器进行互动，从而及时发现并处理学生在思政教育课程学习中遇到的问题。例如，学生可以将学习过程中遇到的难点、疑点，以及做题时出现的错误向人工智能设施反馈，而人工智能设施则依托其强大的数据处理和分析能力，为学生提供精准的问题解答和解决方案。

（2）人机互动还促进了人与人之间的深度交流。在教育过程中，教师与学生之间的互动应以准确性为核心，教师需精准把握学生的学习状况和问题所在，从而提出针对性的教学策略。同时，学生与学生之间的互动也至关

重要，通过分享学习经验、交流学习心得，能够激发彼此的学习兴趣和动力。

2.生动性教学的构建，提升教学吸引力

为了改变传统思政教育中理论知识灌输的单一模式，我们需要借助人工智能技术来构建生动性教学的体系。这种生动性不仅体现在教学内容上，更体现在教学方式的创新上。

(1)人工智能技术的应用可以使思政教育的内容更加生动、形象。人工智能技术可以将复杂的理论知识以图表、动画等形式呈现出来，帮助学生更好地理解和记忆。

(2)人工智能技术可以根据学生的个人特征和学习需求，为其定制个性化的教学方案。通过收集和分析学生的学习数据，人工智能系统可以了解他们的学习风格、兴趣爱好和知识水平，从而为他们推荐合适的学习资源和教学方法。这种个性化的教学方式不仅能够提升学生的学习兴趣和动力，还能够提高他们的学习效率和效果。

(三)制定法律法规，加强监督监管

随着人工智能技术在高校思政教育中的广泛应用，制定相应的法律法规以加强监督监管显得尤为重要。

首先，国家部门应设立专门的监管部门，以全面加强对人工智能技术在高校思政教育中应用的监管力度。这一监管部门应具备专业的技术背景和丰富的管理经验，能够针对人工智能技术的特点和应用现状，制定科学的监管策略和措施。通过定期检查和评估，确保人工智能技术在教育领域的合规性和安全性。

其次，在人工智能教育应用责任层面，必须明确应用过程中的权责范围。这包括明确教师、学生和人工智能技术提供者在教育过程中的各自职责和义务，以及他们在应用人工智能技术时可能承担的法律责任。通过明确的权责划分，可以促使各方更加谨慎地使用人工智能技术，并共同维护教育秩序和信息安全。

最后，为了形成有效的监督，需要明确责任主体，划定责任范围，并确定相应的处罚措施。责任主体应包括教师、学生和人工智能技术提供者等各

方，他们应根据各自的职责和义务承担相应的责任。同时，应制定明确的处罚措施，对于违反法律法规或教育规定的行为进行严厉打击，以维护教育的公平、公正和秩序。

（四）应用深度学习技术，创新思想政治评价机制

思政教育教学评价体系建设不但要重视学生学习状况，注重学生理论知识点掌握情况，同时应该考查学生是否将所学应用于实践。深度学习技术可以让教师充分了解学生思想情况以及行为状态。

1.形成性评价

形成性评价是指在教学过程中，对学生的学习进展、学习态度和学习能力等方面进行的评价。深度学习技术的应用，使得教师能够实时追踪学生的学习行为，收集并分析大量学习数据，从而精准把握学生的学习状态。例如，教师可以通过深度学习算法分析学生在在线学习平台上的学习时长、互动频率、答题正确率等指标，评估学生的学习态度和效果。此外，深度学习技术还可以根据学生的学习数据，为其推荐个性化的学习资源和学习路径，促进学生的自主学习和深度学习。

在形成性评价中，深度学习技术还可以应用于学生的思想动态分析。通过收集学生在社交媒体、论坛等网络平台上的言论和行为数据，利用深度学习算法进行情感分析和主题挖掘，教师可以深入了解学生的思想状况和价值观倾向。这有助于教师及时发现学生的思想问题，进行有针对性的引导和教育，促进学生的健康成长。

2.结果性评价

结果性评价是指在教学过程结束后，对学生的学习成果进行综合评价。深度学习技术在结果性评价中同样发挥着重要作用。通过收集学生的考试成绩、作业完成情况、项目实践成果等数据，教师可以利用深度学习算法对学生的学习成果进行客观、全面的评价。深度学习技术还可以对学生的学习成果进行聚类分析和可视化展示，帮助教师更直观地了解学生的学习水平和能力差异。

在结果性评价中，深度学习技术还可以应用于学生的实践应用能力评估。教师可以通过设计基于深度学习的实践应用评估系统，让学生在模拟或真实的环境中进行实践操作，并利用深度学习算法对学生的实践表现进行自动评分和反馈。这有助于教师全面了解学生的实践应用能力，为学生的职业发展提供有力支持。

第三节 VR技术融入高校思政教育

一、VR技术的分类与特点

VR技术，即虚拟现实技术，是一种能够创建和体验虚拟世界的计算机技术。它允许用户通过佩戴专门的设备，如VR头显和手柄，进入一个完全由计算机生成的、具有三维空间感的虚拟环境，并与其中的虚拟对象进行实时互动。

（一）VR系统的分类

VR系统能够根据不同的交互性和沉浸感，进行如下分类：

1.桌面式VR系统

桌面式VR系统是最基础的VR体验形式，通常利用个人电脑或工作站上的软件进行模拟。这种系统通过显示屏幕和简单的输入设备（如鼠标、键盘或游戏手柄）来呈现虚拟环境。用户可以在二维屏幕上看到三维的虚拟世界，并通过输入设备与之进行交互。桌面式VR系统成本较低，易于普及，适用于教育、培训、设计预览等场景。然而，由于其沉浸感有限，无法提供完全的身临其境的体验。

2.沉浸式VR系统

沉浸式VR系统则是一种能够提供更高度沉浸感的体验。这类系统通常包括头戴式显示器（HMD）、位置跟踪器、手部追踪器等设备，使用户能够完全沉浸在虚拟环境中。头戴式显示器能够覆盖用户的双眼，提供宽广的视野和立体图像，让用户感觉自己仿佛置身于一个真实的虚拟世界中。同时，位置跟踪器和手部追踪器能够实时捕捉用户的头部和手部动作，实现自然的交互体验。沉浸式VR系统适用于游戏、娱乐、模拟训练等场景，能够提供更加真实、生动的体验。

3.分布式VR系统

分布式VR系统是一种将多个用户连接在同一个虚拟环境中的系统。这种系统允许多个用户同时进入同一个虚拟空间，进行实时交互和协作。分布式VR系统通常通过网络连接多个计算机或工作站，并利用VR技术进行同步呈现和交互。在分布式VR系统中，用户可以与其他用户进行面对面的交流、合作或竞争，共同完成任务或探索虚拟世界。这种系统在教育、科研、军事等领域具有广泛的应用前景，可以模拟复杂的真实场景，支持远程教学和合作研究等活动。

4.增强式VR系统

增强式VR系统是一种将虚拟元素与真实环境相结合的系统。这种系统通过利用AR(增强现实)技术，将虚拟物体、图像或信息叠加在真实环境中，为用户提供更加丰富的视觉体验。增强式VR系统通常利用智能设备(如智能手机、平板电脑或AR眼镜)和传感器来实现。用户可以通过智能设备看到真实环境中的虚拟元素，并与之进行交互。这种系统在游戏、旅游、教育等领域具有广泛的应用前景，可以为用户提供更加真实、生动的视觉体验和信息展示。

(二)VR技术的特点

VR技术作为现代科技的杰出代表，其独特的魅力在于它能够为用户创造出一种前所未有的体验。这种体验不仅仅是视觉的盛宴，更是身心全方位地融入。

1.沉浸性

VR技术的沉浸性是其最为显著的特点之一。它利用先进的计算机图形技术、传感器技术以及显示技术，为用户打造出一个高度逼真的虚拟环境。在这个环境中，用户仿佛置身于一个全新的世界，可以自由地探索、感知和互动。沉浸性的实现依赖于多个方面的技术支持,包括高分辨率的显示设备、精确的头部跟踪技术,以及真实的音效和触感反馈等。这些技术的综合应用,使得用户在VR世界中的体验更加真实、自然和生动。

2.交互性

VR技术的交互性是其另一个显著特点。在VR世界中,用户不再是被动的观察者,而是可以主动参与其中,与虚拟环境进行实时互动。这种互动不仅包括简单的操作和控制,更包括用户的动作、语言和情感等方面的反馈。通过先进的传感器技术和自然交互技术,VR系统能够实时捕捉用户的动作和声音,并根据用户的反馈进行相应的调整和优化。

3.想象性

VR技术的想象性是其最为独特的特点之一。它不仅能够模拟出真实的环境和场景,还能够创造出超越现实的、充满想象力的虚拟世界。在这个世界中,用户可以尽情发挥自己的想象力和创造力,创造出属于自己的独特空间。想象性的实现依赖于VR技术的强大计算能力和创意设计能力。通过虚拟现实引擎和3D建模技术,VR系统可以构建出各种复杂的场景和物体,并根据用户的需求进行个性化的定制。

二、VR技术融入高校思政教育的优越性

(一)实现教育场景立体化,增强教育内容吸引力

随着信息技术的飞速发展,虚拟现实(VR)技术作为一种新兴的教育工具,正在逐步改变传统的教育模式。在当今日益复杂和多元化的教育环境中,VR技术以其独特的优势,为教育场景立体化提供了可能,从而极大地增强了教育内容的吸引力。

1.VR技术引领教育场景创新

在教育领域,VR技术的引入不仅仅是一种技术革新,更是一种教育理念的更新。通过VR技术,教师可以构建出高度逼真的虚拟场景,这些场景能够模拟真实世界中的各种环境,甚至能够创造出超越现实的教学环境。

这种技术使得教育场景不再局限于传统的教室和黑板,而是可以扩展到任何可以想象的空间。在这样的教育场景中,学生可以通过头戴式显示器等VR设备,身临其境地感受教学内容,从而获得更为直观、深刻的学习体验。

2.教育内容的立体化呈现

VR技术不仅为教育场景带来了创新,更为教育内容的呈现提供了全新的可能性。传统的教育内容通常以文字、图片和音频为主要载体,而VR技术则能够将这些元素进行三维立体化的整合,使得教育内容以更加生动、形象的方式呈现在学生面前。例如,在历史课程中,学生可以通过VR技术“穿越”到古代,亲自感受历史事件的发生过程;在地理课程中,学生可以在虚拟的地球仪上自由探索,了解世界各地的地理环境和人文特色。这种立体化的呈现方式不仅丰富了教育内容的表达形式,也提高了学生的学习兴趣和参与度。

3.VR技术增强教育内容的吸引力

VR技术的引入使得教育内容更具吸引力。在VR技术的支持下,教育内容不再是枯燥无味的文字描述和静态的图片展示,而是变成了充满动感和趣味性的立体场景。这种场景化的学习方式能够激发学生的好奇心和探索欲,促使他们更加主动地参与到学习活动中来。同时,VR技术还能够提供多感官的刺激,让学生在视觉、听觉、触觉等多个方面获得全方位的学习体验。这种沉浸式的学习方式能够让学生在不知不觉中掌握知识,提高学习效果。

4.VR技术满足学生多元化学习需求

在当今这个信息爆炸的时代,学生的学习需求日益多元化。他们不仅希望获取知识,更希望能够通过多样化的学习方式来满足自己的兴趣和需求。VR技术正好能够满足这一需求。通过VR技术,教师可以根据学生的不同特点和需求,为他们量身定制个性化的学习方案。同时,VR技术还能够提供多种交互方式,让学生在虚拟环境中进行互动、合作和竞争,从而培养他们的团队协作能力和创新精神。

(二)构建沉浸式教学方法,增强学生学习主动性

在当今的教育领域中,技术的革新正以前所未有的速度推动着教学方法的深刻变革。在这一进程中,VR技术凭借其独特的沉浸式特点,为教学方法的创新开辟了新的道路,带来了前所未有的可能性。特别是在高校思政教育的领域中,VR技术的应用不仅突破了传统教学的诸多局限,而且在构建沉浸式教学方法上展现了显著的优势,极大地提升了学生的学习主动性和参与度。

1.沉浸式教学方法的深度构建

沉浸式教学方法是一种创新的教学方式,它通过构建与真实环境高度相似的虚拟环境,让学生在其中进行学习活动,从而获得与真实环境相媲美的学习体验。VR技术的引入,为这种教学方法的深入构建提供了强大的技术支撑。教师利用VR技术,能够创建出高度逼真的虚拟场景,让学生在学习过程中仿佛真正置身于现实环境中,实现身临其境的学习体验。这种沉浸式的教学方法能够有效地激发学生的好奇心和探索欲,让他们更加主动地投入学习活动中,享受学习的乐趣。

在构建沉浸式教学方法的过程中,VR技术不仅提供了丰富的视觉和听觉信息,还能够模拟出真实的触觉、嗅觉和味觉等感官体验。这种多感官的沉浸式体验,使得学生在学习过程中能够更加全面地感知和理解知识,从而更加深入地理解和掌握所学内容。同时,VR技术还能够根据学生的个体差异和学习需求,提供个性化的学习体验,满足不同学生的学习需求,进一步提高了教学的针对性和有效性。

2.VR技术显著增强学习主动性

在传统的思政教育中,学生往往处于被动接受知识的状态,缺乏主动学习和探索的动力。然而,随着VR技术的应用,这一局面得到了彻底的改变。通过VR技术构建的沉浸式教学方法,学生能够在虚拟环境中进行实践操作、互动交流等活动,从而更加深入地理解和掌握所学知识。这种学习方式使学生从“被动听课”转变为“主动学习”,极大地提高了他们的学习主动

性和积极性。

在VR技术的支持下,学生可以在虚拟环境中自由探索、尝试和互动,根据自己的兴趣和需求选择学习内容和学习方式。这种自主性的学习方式不仅能够激发学生的学习兴趣和动力,还能够培养他们的独立思考和解决问题的能力。同时,VR技术还能够提供实时的反馈和评估,让学生及时了解自己的学习进度和成果,从而更加有针对性地调整学习策略和方法。

(三)引起学生情感共鸣,增强课堂互动性

VR技术的迅速发展为教育领域带来了前所未有的创新契机。通过沉浸式体验和交互式学习,VR技术能够引发学生的强烈情感共鸣,显著增强课堂互动性,进而提升学习效果和教育质量。这种情感共鸣不仅是对知识的感知,更是对教学内容的认同与内化,使学生从被动接受者转变为积极参与者和知识构建者。

首先,VR技术通过高度沉浸式的虚拟环境,为学生提供了逼真的学习场景,这种场景仿真使得学生能够身临其境地参与到教学过程中。学生在VR环境中,视觉、听觉等多重感官同时被激发,极大地增强了他们对学习内容的兴趣和注意力。例如,在学习历史课程时,学生可以通过VR技术“亲临”历史现场,感受历史事件的发生过程,从而产生强烈的情感共鸣。这样的体验远比传统的课堂讲授或视频展示更为深刻和生动,使学生对知识的理解和记忆更加深刻持久。

其次,VR技术在教育中的应用能够显著增强师生之间的互动性。传统课堂中,教师与学生的互动多限于语言交流和简单的视觉接触,而VR技术则突破了这一限制,提供了更多元化的互动方式。通过虚拟现实,教师可以设计丰富多样的教学活动,学生可以通过与虚拟角色互动、参与虚拟实验等方式,主动参与到学习过程中。这不仅提升了课堂的趣味性和吸引力,也增强了学生的学习积极性和主动性。

在VR教学中,学生的角色从被动的知识接受者转变为主动的知识探究者和构建者。这种角色转变的关键在于VR技术提供了一个自主探索和互动的环境。学生可以自由地在虚拟环境中探索、试验和发现,从而获得对知

识的直观感受和深刻理解。比如,在物理学课程中,学生可以通过VR技术进行模拟实验,观察不同条件下物理现象的变化,从而加深对抽象概念的理解。这种主动探究和实践的过程,使学生能够在实际操作中发现问题、解决问题,培养了他们的创新思维和实践能力。

此外,VR技术还能够满足个性化学习的需求,促进学生之间的合作与交流。每个学生的学习节奏和理解能力不同,而VR技术可以提供个性化的学习内容和进度,使学生能够根据自己的需要选择和调整学习内容。这种个性化学习方式,不仅提高了学习效率,也增加了学生对学习内容的情感投入。与此同时,VR技术还可以通过虚拟社区和团队合作等方式,促进学生之间的交流与合作,培养他们的团队精神和沟通能力。例如,在一个虚拟的科学实验项目中,学生可以组成虚拟团队,共同完成实验任务,分享实验结果和心得体会,从而增强学习的互动性和合作性。

VR技术在教育中的应用还可以打破时间和空间的限制,使教育资源更加公平和普惠。通过VR技术,偏远地区的学生可以"进入"名校课堂,与名师面对面交流,享受优质教育资源。这不仅缩小了教育差距,也增强了学生对学习的积极性和信心。例如,农村学校的学生通过VR技术,可以参观世界著名博物馆,了解不同文化和历史背景,从而开阔视野,增强学习的动力和兴趣。

三、VR技术融入高校思政教育的可行性

(一)科技手段对教学方式的支撑

随着网络信息技术的飞速发展,社会生活发生了翻天覆地的变化。高校在日常教学中广泛应用网络信息技术,这为VR技术融入高校思政教育提供了宝贵的经验基础。在传统教学模式的基础上,高校通过信息技术的整合,已经在多媒体教学、在线课程和虚拟实验等方面取得了显著的成果。这些成功案例不仅证明了信息技术在教育领域的应用潜力,也为VR技术的引入铺平了道路。特别是5G技术的崛起,将对互联网的发展起到极大的推动作用,进而为VR技术的进步提供了前所未有的机遇。

5G技术以其高速率、低延迟的特点,将极大地提升VR设备的性能和用户体验,使得VR技术在教育领域的应用更加顺畅和高效。随着5G网络的普及,VR技术的硬件和软件环境将得到极大改善,用户可以体验到更加真实和流畅的虚拟现实世界。这不仅能提升学生的学习体验,还能使教育内容更加生动形象,从而增强学生的理解和记忆能力。

此外,高校现有的信息技术基础设施为VR技术的应用提供了良好的支持。大多数高校已经建立了完善的网络系统和配备多媒体教学设备,这些设施为VR技术的接入提供了必要的硬件支持。高校还可以利用已有的网络平台和在线资源,将VR技术与现有的教学系统无缝对接,实现资源的优化配置和高效利用。因此,从信息技术的发展和高校现有基础设施来看,VR技术融入高校思政教育具有很强的可行性和现实基础。

(二)大学生对虚拟世界的喜爱

当代大学生是在网络环境中成长起来的一代,他们对网络有着天然的亲近感,网络在他们的生活和学习中扮演着至关重要的角色。由于互联网环境的影响,这一代学生更加倾向于网络化的学习方式,并且对虚拟世界有着浓厚的兴趣。VR技术通过构建虚拟现实环境,能够极大地激发学生的探索欲和好奇心,契合他们的心理特征,更容易赢得他们的喜爱。

VR技术提供的沉浸式体验可以将抽象的思想政治理论转化为具体生动的虚拟场景,使学生通过身临其境的方式深入理解和感受思政教育的内涵。例如,通过VR技术,可以将历史事件、重大会议和经典场景再现,学生可以在虚拟环境中亲身体验和观察,增强学习的真实感和参与感。这样的教学方式不仅能够提高学生的学习兴趣,还能加深他们对思想政治理论的理解和认同。

将VR技术与网络高校思政教育相结合,是基于学生需求开展教育工作的有力举措。这种结合既能满足学生对新鲜感和趣味性的追求,又能充分利用VR技术的优势,提升教育效果。同时,当代大学生对虚拟世界的热爱为VR技术与高校思政教育的融合发展提供了良好的运行基础。学生的兴趣和积极性是教育成功的重要因素,而VR技术恰好能够满足这一需求,使思政教育更加符合学生的兴趣和习惯,从而达到更好的教育效果。

四、VR技术在高校思政教育中应用的策略

(一)坚持VR技术与课堂结合

1.坚持VR教学与传统教学相结合

虚拟仿真实验教学中心的建设应贯彻虚实结合、互为补充的原则,尽量在现实中进行实验操作,确保虚拟技术作为必要的补充。通过VR技术,思想政治理论知识能够以形象生动的方式呈现,使学生获得独特的教学体验,为思政教育增添新的活力。传统的思想政治课堂是德育工作的主要阵地和渠道,其重要性不容忽视。因此,需根据不同的知识内容和学生的特点,合理选择思政教育的教学形式,结合高校的实际情况,统筹规划,使传统课堂和VR课堂的优势得到充分发挥。

在高校思政教育中,VR技术的应用应与传统教学方法紧密结合。传统教学方法具有系统性、理论性和面对面互动等优势,这些都是教育过程中不可或缺的组成部分。VR技术的引入,可以解决传统教学中某些抽象概念难以具体化的问题。通过虚拟现实技术,思想政治理论中的抽象概念和历史事件可以在虚拟环境中生动再现,使学生更易于理解和记忆。例如,在学习马克思主义理论时,利用VR技术再现历史场景,使学生仿佛身临其境,亲历历史事件,这种沉浸式体验无疑能增强教学效果和学生的学习兴趣。

此外,在实际教学中,应根据不同的知识内容和学生的特点,合理选择和设计VR教学内容。并非所有的思政教育内容都适合进行VR化,应该重点选择那些需要具象化、体验化的内容进行VR设计。而对于理论性强、逻辑性强的内容,仍然需要依赖传统的教学方法进行讲解。在这一过程中,教师的作用至关重要。教师不仅需要具备扎实的专业知识,还需熟悉VR技术的基本操作和应用,能够将两者有机结合,为学生提供高质量的教学服务。

2.坚持VR技术与高校思政教育内容相结合

VR技术为高校思政教育带来了教学方式上的创新,提供了三维立体的

场景,让学生可以进行沉浸式体验。在具体实践中,应选择性地利用VR技术对思政教育内容进行创新,不能将所有内容一概进行VR项目化。应明确VR技术的工具属性,将其作为辅助教学的工具,以育人为根本理念,重点抓住思政教育的核心内容,提升教学内容的深度,确保在应用VR技术进行高校思政教育的过程中,避免VR技术的异化。

VR技术的应用不仅在于形式上的创新,更在于内容上的深度融合。(1)需要深入挖掘思政教育内容的内涵,找准VR技术能够发挥作用的切入点。例如,在爱国主义教育中,可以利用VR技术再现重要历史事件和英雄人物的事迹,使学生通过沉浸式体验,深刻体会中华民族的奋斗历程和爱国精神。这种体验式学习方式,比单纯的课堂讲授更能激发学生的情感共鸣和认同感。(2)在应用VR技术时,要谨慎对待其工具属性,避免让技术本身喧宾夺主,忽视思政教育的根本任务。VR技术只是辅助教学的一种工具,其最终目的仍然是育人。因此,在设计VR教学内容时,必须紧紧围绕思政教育的核心内容,确保教学内容的准确性和科学性。同时,还要注重VR内容的互动性和参与性,设计出能够引导学生思考和讨论的情境,培养学生的批判性思维和自主学习能力。

在具体实施中,还需建立完整的VR教学评价体系,对VR教学效果进行科学评估。通过定量和定性相结合的方法,评估学生的学习效果和体验感受,及时发现和解决问题,优化教学设计和实施方案。此外,还应注重对教师的培训和支持,提高教师运用VR技术进行教学的能力和水平,为VR技术在高校思政教育中的应用提供坚实保障。

(二)加大VR技术应用于高校思政教育的保障

1.建立领导机制,形成工作合力

在当今信息化时代背景下,VR技术以其独特的沉浸式体验、交互性强的特点,为高校思政教育提供了新的发展机遇。为确保VR技术能够有效融入并推动高校思政教育的发展,我们必须建立起一套完善的领导机制,形成工作合力,为VR技术的深入应用提供坚实的制度保障。

(1)强化领导机制,引领发展方向。领导机制是确保VR技术在高校思

政教育中有效应用的关键。首先,应成立由高校主要领导挂帅的领导小组,该小组负责全面统筹VR技术在思政教育中的应用工作,明确发展方向,制定发展规划,确保各项工作有序开展。领导小组的成员应具备高度的政治敏锐性和前瞻性,能够准确把握时代脉搏,引领VR技术在思政教育中的创新应用。

(2)构建多元联动机制,形成工作合力。VR技术在高校思政教育中的应用涉及多个部门和领域,需要各部门之间的密切配合和协作。因此,我们应构建以领导小组为核心,以马克思主义学院为主体,党委宣传部、教务处、财务处、后勤处、信息服务中心、学生工作处等多部门参与的多元联动机制。各部门在领导小组的统一领导下,明确职责分工,加强沟通协作,形成工作合力,共同推动VR技术在高校思政教育中的深入应用。在多元联动机制中,马克思主义学院应发挥核心作用,负责VR技术融入思政教育课程的研发、设计、实施等工作;党委宣传部应负责宣传推广VR技术在思政教育中的应用成果,营造良好的舆论氛围;教务处应负责课程体系的调整和优化,确保VR技术能够顺利融入高校课程体系;财务处应提供必要的经费支持,保障VR技术在思政教育中的顺利应用;后勤处应负责教学设施的采购和维护,确保VR教学的硬件设施得到保障;信息服务中心应提供技术支持和保障,确保VR教学的信息化条件得到满足;学生工作处则应关注学生的反馈和需求,及时调整和优化教学策略,提高教学效果。

(3)完善制度建设,激发内在动力。为确保VR技术在高校思政教育中的深入应用,还应加强制度建设,激发内在动力。①制定和完善相关管理制度和规定,明确各部门的职责和权利,规范VR技术在思政教育中的应用行为;②建立激励机制和考核机制,对在VR技术应用中表现突出的个人和集体给予表彰和奖励,激发广大师生的积极性和创造力;③建立反馈机制,及时收集和处理师生对VR教学的意见和建议,不断优化教学策略和方法,提高教学效果。

2.加大经费投入,强化资金保障

政府、教育部门和高校应当高度重视VR技术在思政教育中的应用,制定并落实相应的经费保障制度，确保这一创新教学模式能够持续、有效地推进。首先，政府和教育部门应当增加对VR技术应用于思政教育的专项财政拨款，通过设立专项基金，确保高校在VR技术开发、设备购置、维护和升级等方面有充足的资金支持。

高校也需要积极拓宽资金来源渠道，建立多渠道VR教学经费筹集制度。例如，高校可以与社会企业合作，通过企业赞助、合作研发等形式获取资金支持。此外，校友捐赠也是一种重要的资金来源，通过发动校友捐款支持VR技术的应用与发展，为高校思政教育提供持续的资金保障。

在资金使用上，必须确保专款专用，避免资金的浪费和挪用。高校应建立健全资金使用监管机制，对VR技术的资金投入、使用和效果进行全程监督和评估，确保每一笔资金都用在刀刃上，真正起到提升思政教育效果的作用。

此外，高校与政府之间应建立长效合作机制，探索新的合作路径，共同推动VR技术在思政教育中的应用。政府可以通过政策支持、资源共享、技术指导等方式，帮助高校更好地实施VR教学。比如，政府可以组织相关的VR技术培训，提高高校教师的VR技术应用能力；也可以通过搭建交流平台，促进高校之间的经验交流和资源共享。

（三）加强VR技术应用高校思政教育的资源开发力度

1.推进校企合作

高校可与软件企业密切合作，建立校企合作研发中心，通过多种形式的合作模式，如联合实验室、研发基金、合作课程等，增强双方的互动和合作。高校可以依托企业的技术优势和市场经验，企业可以利用高校的研究资源和人才储备，共同打造高质量的VR思政教育产品。具体而言，高校和企业联合组建开发团队，吸纳VR技术专家、资源开发专家和优秀思想政治课教师，共同参与从系统设计到测试、运行、维护等各个环节，确保开发出的VR思想政治应用系统既具备先进的技术性，又能满足高校思政教育的实际需求。此外，通过校企合作，高校还可以为学生提供更多实践机会，增强他们的创新能力和就业竞争力。

2. 提升资源发展

为了更高效地提升资源内涵，高校需要以VR教学产品以及教学内容为抓手，持续改进和创新，不断提升自身数字化品牌资源的影响力。首先，高校要积极引进和采用最新的VR技术，开发具有创新性和互动性的教学内容，使思政教育更加生动和富有吸引力。其次，高校应建立完善的VR资源开发和管理体系，对VR教学资源进行系统化开发、分类和储存，确保资源的高质量和可持续性。与此同时，高校可以通过举办各类VR教学培训和研讨会，提升教师对VR技术的应用能力，促进教学资源的共享和交流。最终目标是打造整套具有自身特色的VR教学项目，不仅提升教学效果，还能通过优秀的VR教学成果扩大高校在数字化教育领域的品牌影响力，形成良性循环，推动高校思政教育的全面发展。

第五章 互联网背景下高校思政教育的路径选择

第一节 深化高校思政教育资源的开发利用

一、高校思政教育资源的界定、特征与分类

思政教育资源不仅是开展教育活动的基石,更是实现教育目标的关键所在。因此,对高校思政教育资源的界定显得尤为重要,它帮助人们明确资源的范畴,理解资源的本质,为后续的教育实践提供理论支撑。

(一)高校思政教育资源的界定

思政教育资源指的是一切能够被运用到思政教育具体实践活动中,并且能够被教师们所开发和利用的,可以实现教育日的的一切相关要素的总和。将大学生作为研究对象,思政教育资源是融入于大学生日常生活、学习活动当中,能够被教师运用到教学活动中,且承载了相关教育信息,能够促进大学生身心健康发展,能够有利于实现教育目的的各种不同要素和条件的总和。这一概念包括以下方面:

第一,思政教育资源要想发挥其应有的作用,必须在大学生的现实生活与活动中得到有效运用。这意味着这些资源并不会自发产生直接的影响,只有通过思想政治教师的精心开发与合理应用,才能真正发挥其潜在的积极作用。因此,教师应采取科学、合理的方法,将这些资源有效融入大学生的日常学习和生活中,通过精心策划的教育实践活动使其为实现高校思政教育的预期目标服务。

第二,思政教育资源不仅要具备承载和传递教育信息的功能,还应对大学生的成长和发展产生积极影响。作为高校思政教育的重要工具,这些资

源应当传递国家、社会、家庭的期望，反映思想政治教师的目标、理念和愿景，将这些要素通过教育活动传递给大学生。如果某一资源无法有效传递思政教育的核心内容，或者无法积极引导大学生的身心健康发展，那么它就不能被视为有效的高校思政教育资源。

第三，能够促进大学生思想政治素质提升的资源才可以被称为高校思政教育资源。换言之，凡是能够对大学生的思想道德、政治素养等方面产生积极影响的资源，均可被视为高校思政教育的组成部分。相反，若某一资源无法对大学生的思想政治素质起到促进作用，则它无法归为高校思政教育资源的范畴。

（二）高校思政教育资源的特征

任何一个事物都具有自身的特征，正是由于事物特征的存在才能将某一事物区别于其他事物。所以，要将高校思政教育资源与其他类型的资源相区别，要对其本身所具备的特征有所了解。

1.高校思政教育资源的共性特征

高校思政教育资源从其本质来讲，也是一种资源，所以其本身同样具备了资源的一般共性，具体表现为以下：

（1）生成性。生成性是从其本源角度来讲的，对于每一个大学生来说，他所接收的高校思政教育资源都是在一定的社会条件下和社会实践中慢慢形成的。它们是可以培植的，开发利用主体可以通过对高校思政教育资源的深入开发，获得层出不穷的资源。因而，对于从事这一工作的人来讲，不应该只是坐以待毙的等待资源和新资源的出现，然后只是简单的照抄利用，而应该通过先进的手段来创造它、利用它。为了使其符合社会不断发展变化的新趋势，应通过各种手段来创造条件，从而大力创新性发展教育资源，不断丰富资源内容。

（2）多样性。多样性是针对高校思政教育资源的内容和具体形式来讲的，从整体角度来看，高校思政教育资源的内容是丰富的，形式是多样的。在现实生活当中存在大量可以被教师开发和利用的高校思政教育资源，如先天下之忧而忧，后天下之乐而乐的整体主义思想，团结统一、勤劳勇敢的民族精神,乐群贵和、诚实守信的传统美德,重视节操、崇尚志向的精神境界;再如祖国的壮美河山、秀丽风景等都是优秀的素材。高校思政教育资源丰富多样:既有物质形态的,又有精神形态的;既有存在于校内的,又有存在于校外的;既有自然资源,又有社会资源。多种多样的资源,为大学生积极参与思政教育活动提供了强大的支撑力,使高校思政教育活动更加贴近大学生的生活实际,更加生动形象,促进了高校思政教育的发展。

(3)有限性。有限性是针对高校思政教育资源的数量与需求的关系来讲的,教师所能开发和利用以及能够被运用到教学活动中的资源的数量,对于当前整个高校思政教育的具体需求是相对有限的。人们所常说的高校思政教育资源结构混乱、开发力度偏弱、开发方式不科学,存在着重复利用的缺陷等都是基于高校思政教育资源本身所存在的限制性而导致的。而这种有限性特征,主要是由于受到主客观条件的限制。就目前高校思政教育来讲,能够进行有效利用的资源只是以往获得的,或当前已经存在了一些进行了整合后的资源。因此,从量上来讲,高校思政教育资源是有限的,并且,随着社会的发展,基于以往形成的资源会由于某些不适应性而慢慢消失,同时又缺乏对当前资源开发的深入,导致可以利用的资源就更匮乏了。高校思政教育资源基于本身的属性而存在有限性,但这是相对的。随着社会条件以及教师素质的提高,高校思政教育资源作为一个系统来讲,应该是无限开放的。因此,只有教师不断提升自身水平,才能够开发出更多、更好的新资源。

(4)整体性。整体性是相对于不同资源形态之间的关系而言的,高校思政教育资源的不同形态间存在着一定的联系,并构成一个有机的统一体。在资源应用的过程中,高校思政教育资源各个形态间是相互关联、相互制约的,各个不同资源间相互关联、补充、渗透,从而更好地为高校思政教育服务。在整个系统中,任何一种资源的形成,都具有其自身的价值,因此,不论是哪一种资源,都不可能被其他类型的资源所取代,而且任何一种资源都不能脱离整体而独立存在,必须寓于整体当中,同其他形态和种类的资源相互融合,共同推动高校思政教育活动的进行,以实现促进大学生健康成长目的。

2. 高校思政教育资源的独特性特征

（1）历史性。历史性是针对思政教育资源的形成和发展来讲的，它不是从来就有的，而是随着社会的变化发展，随着高校思政教育的历史而形成和发展的。在这个过程中，高校思政教育资源形态和种类越来越多样，功能也趋于多样化发展，至今，已有种类多样的资源供思想政治教师利用。思政教育是随着社会的产生而出现的，没有社会的出现就无从谈论思政教育，那么离开了高校思政教育资源，高校思政教育资源的开发利用也就不存在了。因此，高校思政教育资源是历史发展的必然产物，具有鲜明的历史性。

（2）方向性。高校思政教育资源的方向性特征，核心在于其内容指向的明确性与稳定性，它秉承了科学且恒定的导向，与社会主义意识形态保持高度一致。在社会主义国家的宏观背景下，这一方向性不仅是教育活动的指南针，也是教育资源配置与运用的基本原则。社会资源在思政教育中的融入，旨在服务于国家意识形态的构建与弘扬，通过有效整合与利用，旨在引导大学生形成符合社会发展需要的认知框架、价值体系及人生追求。从深层次分析，高校思政教育资源的方向性，体现为一种教育与社会发展目标的高度契合，它并非孤立存在，而是深深植根于国家的社会制度与价值取向之中。在此框架下，思政教育资源的开发与运用，需紧密围绕社会主义的本质特征，以马克思主义理论为理论基石，确保教育资源能够引导学生树立正确的世界观、人生观和价值观，促使学生在思想与行动上，均能向着促进社会和谐稳定、推动国家发展的方向迈进。因此，高校思政教育资源的方向性特征，不仅是对教育资源功能的精准定位，更是实现教育目标、强化国家意识形态认同的重要途径。

（3）承载性和传导性。承载性和传导性是针对其发挥作用的方式和目的来讲的，它能承载高校思政教育的相关信息，在教育活动过程中将其承载的内容和信息传递给大学生。正确的世界观、人生观和价值观都属于它的具体内容，要借助于高校思政教育资源才能够将这些符合社会发展的正确思想传递给大学生，被他们接受，并最终指导他们更好地改善自己的三观与实践活动。传导是以承载为前提条件的，承载实际上是传导的先决条件，但是,承载内容和信息并不能成为高校思政教育资源最后希望达成的目标,将正确的世界观、人生观、价值观等符合社会发展的充满正能量的信息和内容传递给大学生才是其最终希望达成的目标。

(4)实践性。实践性作为高校思政教育资源的核心属性之一,深刻体现了教育活动与社会实践之间的紧密联系。通过持续开展高校思政教育活动,我们不仅能够不断发掘和利用新的教育资源,而且这些资源的数量和种类也随着教育实践的深化而日益丰富。高校思政教育并非孤立于象牙塔内的理论探讨,而是与社会各领域的实践活动紧密相连,这种联系使得教育资源得以在实践中不断得到验证与丰富。实践作为检验真理的唯一标准,在高校思政教育资源的开发与利用中发挥着至关重要的作用。通过实践活动,我们能够直观地评估教育资源的有效性与适用性,进而不断优化资源配置,提升教育效果。同时,社会环境的变化也对高校思政教育资源的开发与利用提出了新的挑战与机遇。随着社会的快速发展与变革,新兴的社会现象、价值观念以及技术手段不断涌现,这些都为高校思政教育提供了丰富的素材与新的视角。

因此,应以发展的眼光来看待高校思政教育资源,不断适应社会环境的变化,深入开展教育实践活动。通过实践,不仅能够丰富教育资源的内容与形式,还能够引导大学生在实践中不断反思与成长,使他们能够更好地适应社会发展的要求,不断更新自己的价值观与世界观,实现个人与社会的共同进步与发展。这种实践性特征,不仅赋予了高校思政教育资源以生命力与活力,也为我们探索更加高效、创新的思政教育路径提供了坚实的基础。

(三)高校思政教育资源的分类

高校思政教育过程的构成因素主要有四个:一是教师,他们承担着高校思政教育的重任,他们这一群体在整个教育环节中起着主体作用,即主体因素;二是学生,即大学生群体,他们在整个教育环节中充当着学习的角色,即客体因素;三是高校思政教育的内容和方法,教育内容是大学生需要学习和了解的,而教育方法是教师怎样更好地促进大学生学习的重要手段,在整个的教育环节中发挥着媒介作用,即介体因素;四是社会环境及其所提供的教育支撑条件，这是教育活动有效开展的环境条件，即环体因素。对此，可以将高校思政教育过程的四个基本因素作为标准，将高校思政教育分四大类，即主体资源、客体资源、介体资源和环体资源。

1.高校思政教育的主体资源

高校思政教育的主体资源是指在高校思政教育过程中，直接或间接引导大学生树立正确的政治观念、价值观和世界观的教师。这些教育主体不仅仅局限于高校思想政治理论课的专任教师，还包括学生辅导员、其他学科教师以及承担高校日常管理工作的管理者等。他们不仅传授知识，还在日常行为中通过言传身教对学生的思想意识、道德观念、行为准则等产生潜移默化的影响。这些主体资源通过各类课程的教学内容、生活中的实际引导以及管理工作中的道德规范渗透到学生的生活和学习的各个方面，从而促进大学生思想政治素质的提升。同时，这种多层次、多维度的教育资源的融合和利用，有助于大学生的个性发展，使其在思想政治上更加成熟和全面。

思政教育主体的作用不仅体现在课堂教学和理论传授方面，还涉及如何通过具体行为影响大学生的思维方式和待人处世的态度。例如，辅导员和管理者在日常管理和引导学生活动时，通过直接的言行规范大学生的行为，帮助他们形成正确的道德观念和价值判断。此外，其他学科教师在各自的专业领域中同样扮演着潜在的思政教育角色，通过专业课程中的社会责任意识、职业道德标准等内容对学生的思想观念产生深远影响。因此，高校思政教育的主体资源是一个由多个层面、多个角色共同构建的有机整体，是高校思政教育资源中不可或缺的重要组成部分。这些教育主体共同形成了一个紧密互动的教育体系，既通过知识的传授，也通过日常生活中的榜样作用，帮助大学生在思想政治上得到全面的塑造。这不仅关乎他们的学术和职业发展，还对其人格和品德的形成产生深远影响。高校思政教育的主体资源因此在大学生成长的关键阶段扮演着至关重要的角色。

2.高校思政教育的客体资源

高校思政教育中的客体资源，指的是在高校思政教育过程中，作为思想传播、理解、内化与实践的对象，即大学生个体或集体。具体而言，这些客体资源主要包括大学生群体中的先进个体和集体，及其对同辈产生的影响力。诸如优秀学生干部、优秀党员和团员、先进班集体等，他们作为思想道德素质的模范代表，在大学生中发挥着重要的榜样引领作用。这些先进个体和集体通过积极参与校园活动、学生管理、学术研究和社会实践，展现了较高的政治觉悟、思想水平和责任担当，成为高校思政教育中不可或缺的实践资源。他们不仅自身践行社会主义核心价值观，还在潜移默化中影响着其他学生的价值观念、行为模式和道德修养。通过这种同辈效应，他们推动了高校思政教育的深入发展，使思政教育的目标得以更广泛地传播和实现。

因此，大学生群体中的先进个人与集体，作为高校思政教育的重要组成部分，具有双重意义：一方面，他们自身的优秀表现为其他学生树立了榜样；另一方面，他们通过实际行动增强了思政教育的感染力和说服力，进而提升了全体大学生的思想道德素质，形成了积极向上的校园文化氛围。这种榜样的力量不仅是高校思政教育的重要资源，更是教育效果显著的内在推动力。

3.高校思政教育的介体资源

高校思政教育中的介体资源是指在教育过程中，将教师与学生紧密联系起来，以中介形式存在的各种资源。这些资源的作用在于促进教育内容的传递和交流，使思政教育能够更为有效地开展。介体资源主要包括两个方面的内容：①高校思政教育所涵盖的广泛内容；②教师引导大学生理解和掌握这些内容的方式方法，以及学生认识、消化和应用这些内容的过程。这些介体资源的具体形式可以表现为课程教材、社团活动、多媒体设备、图书馆资源、网络平台等。

合理而充分地利用这些资源，有助于思政教育形式的创新与优化。例如，课程教材提供了系统化的理论基础，社团活动为学生提供了实践和交流的机会，多媒体设施则能够通过图像、视频等多种形式提升学生的学习体验，图书馆为学生提供了大量的参考资料，而网络平台则进一步拓宽了思政教育的传播途径，使得学习更加便捷和高效。

媒体资源在高校思政教育活动中起着不可或缺的作用，它不仅仅是知识传递的工具,更是推动学生思想深度发展、增强教育效果的重要媒介。因此,必须给予这些资源足够的重视,确保它们在教育过程中得到充分有效地利用,从而发挥其应有的功能,促进思政教育的创新性发展,进而为培养全面发展的高素质人才奠定坚实基础。

4.高校思政教育的环体资源

环体资源是指与高校思政教育密切相关的外部影响因素,这些因素在大学生身心健康发展中发挥着重要作用。在学术研究中,环体资源通常从两个维度进行分析:一方面是高校思政教育所处的社会大环境,另一方面是社会和学校为有效开展思政教育所提供的保障条件。

从社会大环境的角度来看,思政教育不仅受到政策法规、经济发展水平和文化氛围等宏观因素的影响,还受到社会舆论和公众态度的引导。社会对价值观的认同与追求,会直接或间接地影响大学生的思想动态和行为模式。因此,在进行思政教育时,教师需充分理解并利用这一大环境,以促进学生的全面发展。

从保障条件的角度,环体资源还包括校园环境和虚拟网络空间等具体因素。校园环境是学生日常生活和学习的重要场所,其文化氛围、设施条件和人际关系等都直接影响着思政教育的实施效果。良好的校园环境能够为学生提供积极向上的学习氛围,从而促进其思想意识的提升与价值观的形成。此外,虚拟网络空间作为新兴的交流平台,在信息传播和价值观引导方面发挥着越来越重要的作用。在这一平台上,学生们可以接触到多元化的思想观念,从而在一定程度上影响其思政教育的效果。因此,学校应积极探索如何有效利用这一网络空间,为思政教育提供新的思路和途径。

在高校思政教育活动中,环体资源的作用是多方面的,主要体现在对学生行为的约束、规范和影响等方面。环体资源不仅为思政教育的开展提供了必要的外部条件,还通过潜移默化的方式对学生的思想和行为产生深远的影响。这就要求教师在设计和实施思政教育活动时,必须充分考虑整体资源的配置与利用,以形成一个良好的教育生态系统,促进学生全面健康的发展。

二、高校思政教育资源开发利用的必要性

高校思政教育资源在教学活动中起着基础性作用,脱离了它,教育活动的开展就失去了支撑条件。优秀的资源对大学生的成长起着重要的作用,会对大学生产生潜移默化的影响。这就要求我们对高校思政教育资源的重要性有深刻的认识,并进行合理有效地开发和利用,最终促进高校思政教育的改进。

(一)增强高校思政教育实效性的内在要求

在当今社会环境日新月异的背景下,经济全球化、网络化及信息化的深入推进,导致高校思政教育面临前所未有的挑战与机遇。随着外部环境的不断变化,高校思政教育的客观条件及其对象亦发生了显著变革。这种变革不仅改变了教育的实施方式,还影响了教育的内容和方向。然而,尽管外部环境发生了深刻变化,高校思政教育的主体、方法和媒介却显得相对滞后,这一矛盾导致了教育预期目标未能有效实现,进而使大学生在价值观选择与思想素养等方面面临诸多困境,如个人主义、享乐主义等不良倾向的滋生。这种现实状况迫切要求在开展和完善高校思政教育时,更加注重其实效性。提升实效性不仅是教育内在发展的需要,也是社会对高校思政教育的客观要求。唯有紧跟时代发展步伐,才能有效把握时代脉搏,增强思政教育的相关性和有效性。因此,如何提升高校思政教育的实效性,成为必须深入思考的问题。

为此,充分开发和有效利用高校思政教育资源显得尤为重要,教育资源不仅是高校特有的宝贵财富,也是促进思政教育质量提升的关键要素。合理有效地开发其潜在价值,能够极大地促进思政教育的深化与拓展。只有通过最大化资源的功能和价值,才能使高校思政教育的实施更加便捷与高效。此外,这种有效的资源利用还将帮助高校思政教育在大学生群体中形成良好的反响,提升其吸引力,从而使其更易被大学生接受,进而有助于促进他们的全面成长与发展。

总之,只有通过有效开发与利用思政教育资源,才能使高校思政教育真

正实现其社会意义，并推动其向着实效和实用的方向不断发展。这不仅是对高校教师的挑战，也是对教育内容与形式革新的重要推动力。在这一过程中，高校应积极探索与实践，构建适应新时代需求的思政教育体系，从而更好地服务于学生的成长与发展。

（二）增强高校思政教育针对性的必然要求

在高等教育环境中，每位学生的个性、品质及成长背景均存在显著差异，因此，开展教育活动时必须注重其针对性，以更好地适应大学生的实际需求。这意味着教师应当从多维度出发，因地制宜、因人制宜、因时制宜地设计和实施相关教育活动。自改革开放以来，社会发展的步伐日益加快，社会生活的多样性与复杂性也在不断增加。这种变化直接导致当代大学生面临愈加复杂的社会状况，具体表现在价值观念的多样化、思维方式的复杂化以及行为习惯的个性化等方面。这种社会背景对从事思想政治教师提出了更高的要求。教师必须深入理解高校思政教育资源在提升大学生思想道德素质中的潜在作用，并具备科学有效的分析能力。面对具体的教育情境，教师应当实事求是，结合大学生的实际需求和社会发展的变化，进行具体问题具体分析，以实现合理的资源开发与利用。此外，在组织针对性的教育活动时，教师应重视教育资源的整合与优化，通过有效的策略来提升大学生的思想道德素质。

通过对思政教育资源的合理开发与利用，不仅可以增强教育的针对性，还能够帮助大学生形成正确的价值观和思维方式，从而促进其全面发展。最终，这将有助于提高整个大学生群体的思想道德素质，为社会培养出更多具备良好道德修养和社会责任感的人才。

（三）促进大学生思想道德发展的有利途径

随着社会的飞速发展和时代的不断进步，当代大学生的价值观念正经历着深刻的变革。在这个信息爆炸、竞争日益激烈的时代，大学生们愈加注重自我价值的实现与个人利益的追求。这一趋势使得他们在成长过程中展现出强烈的成长愿望，竞争意识和自我意识普遍增强，并且在价值取向上显现出更加务实的态度。然而,伴随这些积极变化的是,大学生在新历史时期面临着前所未有的学习压力、就业压力及情感困惑,心理问题日益突出。这些问题不仅影响到他们的学习和生活,还对身心健康产生了显著的负面影响。

在此背景下,充分、合理地开发和利用高校思政教育资源显得尤为重要。这些资源能够为大学生的思想和行为提供积极的引导,帮助他们在面对学习与就业的双重压力时,培养良好的思想道德素质,增强面对困境的勇气,从而有效地解决情感上的困惑,并克服心理上的多重挑战。高校思政教育不仅应当关注学生的知识获取,更应注重思想道德的引领,使学生在复杂的社会环境中形成健全的价值观。

此外,为了更有效地开发和利用高校思政教育资源,教师需要立足于当前大学生所面临的具体问题,开展针对性、重点性的教育活动。在教育过程中,应更加关注大学生的心理特点和个体意识,通过科学的教育策略帮助他们不断完善自我,提升自我认知,养成积极向上的思想品质。这不仅有助于他们应对外部压力,也能促进他们的全面发展。

因此,高校应当高度重视思政教育资源的开发与利用。通过合理有效的资源整合与教育活动的设计,思政教育能够在塑造大学生的思想道德品质方面发挥至关重要的作用。最终,这将成为促进大学生思想道德发展的有效途径,为他们在未来的学习、工作和生活中打下坚实的基础。

(四)扩大高校思政教育覆盖面的必然选择

随着科技的快速发展和信息化时代的到来,大学生接收信息的方式及其参与组织活动的手段正经历着前所未有的变革。互联网、智能手机及新兴的交流平台相继涌现,为大学生的学习、生活和娱乐提供了多样化的新途径与手段。然而,伴随这些新方式的出现,传统文化的滞后性和有害信息的传播也变得更加隐秘和快捷,这对高校思政教育的有效性和覆盖面提出了新的挑战。因此,如何应对这些新情况和新问题,已成为高校思政教育亟须解决的重要课题。在这一背景下,思想政治教师必须敏锐地识别大学生身边新生活方式和新传播载体所蕴含的丰富教育资源,充分挖掘并利用这些资源,以实现高校思政教育的目标,确保其教育效果最大化。具体而言,高校思政教育的实施不仅应局限于传统的课堂教学,还应拓展至校园文化建设和良好的育人氛围的营造。这意味着,思政教育的内容和形式可以更加多样化,不再拘泥于以往的单一模式。

例如,面对面沟通交流固然重要,但借助社交媒体平台,如微博和微信等数字工具,思政教育也可以进行更加广泛和深入的传播。通过这些现代传播渠道,高校思政教育能够在不同的场景下与大学生进行更有效的互动,鼓励他们主动参与思政教育活动,从而增强思政教育的吸引力和影响力。

开发和利用高校思政教育资源不仅可以将思政教育的覆盖面从校园扩大至虚拟网络世界,更能够渗透至整个社会。通过这种方式,思政教育不再是局限于课堂内的知识传授,而是成为一种贯穿于学生日常生活中的自觉实践。这种全面的覆盖不仅有助于提升大学生的思想道德素养,还能培养他们在复杂社会环境中分析问题和解决问题的能力,促进他们在知识、情感与价值观上的全面发展。

(五)高校思政教育可持续发展的重要保证

在当今快速变化的社会中,高校思政教育作为一个开放而复杂的系统,必须不断融入新鲜的理念和资源,以确保其健康、和谐地发展。因此,教师需要深入认识到高校思政教育资源所蕴含的社会价值,针对这些资源进行最大化的开发和利用,以便实现其潜在的社会效益。这一过程不仅能丰富教育内容、改进教学方法,还能为高校思政教育提供优质的教育素材,从而确保思政教育的有效实施。

通过开发和利用高校思政教育资源,教师能够有效拓展教学内容,涵盖更广泛的社会现象和思想潮流。这种丰富性将有助于引导学生更全面地理解社会与自我的关系,增强他们对社会现实的认知与分析能力。例如,结合社会热点话题、文化现象及历史事件,教师可以设计出更具吸引力和针对性的教学活动,促使学生积极参与讨论和思考。这不仅增强了学生的学习兴趣,也提升了他们的思想政治素养。

合理的资源开发和利用还能够推动教学方法的创新。随着信息技术的发展,数字化教育资源的涌现为思政教育提供了丰富的形式与平台。例如,利用在线课程、互动媒体及社交网络,教师可以探索多样化的教学模式,创造出更加生动和互动的学习环境。这种转变不仅符合学生的学习习惯,也使思政教育的传播更为高效,能够触及更广泛的受众。

此外,优秀的教育资源作为加工对象,能够为高校思政教育提供坚实的基础。在资源的支持下,教师可以设计出更加系统化和科学化的教育方案,确保思政教育的实施具有明确的方向和目标。这种系统化的教育模式,有助于教师在教学过程中更好地把握教育的重点与难点,从而提升教育的实效性。

三、高校思政教育资源开发利用的影响因素

高校思政教育资源的开发利用具有一定的条件性,并且是一项十分复杂的社会实践活动,会受到各种主客观条件的影响和制约。人力、物力、财力、环境因素都会对高校思政教育资源开发和利用的效率造成一定的影响。

(一)人力因素

第一,高校思政教育资源开发和利用的关键因素在于开发和利用主体的自身素质。主体自身素质的高低直接关系到其能否全面认识、准确选择教育资源,并且决定了其能否高效开展高校思政教育工作。开发和利用主体的自身素质涵盖多个方面,包括知识水平、能力素质和心理素养等。其中,知识水平和能力素质在很大程度上影响着高校思政教育资源的开发和利用的广度与深度。因此,必须加强对高校思政教育资源开发和利用主体自身素质的重视,通过培训、学习和实践等多种方式,不断提升其专业知识、实际能力和综合素养。

第二,思想政治教师的数量及其配置也对教育资源的开发和利用产生重要影响。一支充足且结构合理的教师队伍能够在高校思政教育资源的开发和利用过程中发挥更大的力量和作用。因此,学校应当不断健全和完善思想政治教师的队伍,确保其数量和质量能够满足教育资源开发利用的需求。

第三，教师的专兼职结构、学历结构及职称结构的合理性也是影响高校思政教育资源开发利用的重要因素。这些结构决定了教师在资源开发和利用过程中的协同作用和整体效能。不同学历、职称和工作形式的教师能够为思政教育带来多样化的视角和方法，从而提升教育资源的合理开发和有效利用的水平。因此，在人员的选拔与配置上，应注重合理性和多样性，以最大限度地激发团队的创造力与合作精神。

第四，学校及其领导对高校思政教育及其资源开发利用的认知程度、态度和意识亦会显著影响教育资源的开发与利用。学校领导若能高度重视思政教育，并在资源开发与利用上表现出积极的支持态度，将会极大地激励教师投入更多的热情与精力，从而提升工作的效率和质量。同时，这种重视能够最大限度地挖掘高校思政教育的潜在价值，促进其有效发挥作用。

第五，大学生作为自我教育的主体，其对思政教育的认知和接受程度同样会影响他们对教育资源的开发和利用。那些认可并接受思政教育的大学生，通常会主动寻求和利用各种教育资源，以提升自己的思想道德水平和综合素质。因此，高校应当创造有利于学生主动参与和利用教育资源的环境，通过宣传、引导和实践活动，激发学生的自主学习意识和能力，从而实现思政教育资源的最优配置与有效利用。

（二）物力因素

物力因素主要指高校思政教育资源开发和利用所需的各类物质条件。这些物质条件的优劣直接影响着高校思政教育的开发与利用效果，进而决定了其在教育体系中的实际应用和成效。具体而言，资源的开发和利用难易程度在很大程度上受到物质条件的制约；当物质条件优越时，高校思政教育资源的开发和利用过程相对较为顺利，反之则可能面临重重阻碍，使得资源的开发与利用变得更加困难。

经济发达地区的物质条件明显优于经济欠发达地区。这种差异直接反映在高校思政教育资源的开发和利用程度上。经济发达地区通常具备更为现代化的教学设施和手段，如先进的多媒体设备、丰富的图书馆资源以及便捷的网络环境等,这些优越的物质条件为高校思政教育的开展提供了良好的基础。在这样的环境中,教师能够更高效地开发和利用思政教育资源,从而更好地实现教育目标。

经济欠发达地区在教学设备和手段方面往往相对匮乏且较为落后,这直接制约了这些地区在高校思政教育资源开发和利用上的进程。缺乏先进设备的教师需要投入更多的时间和精力去克服物质条件的限制,往往难以达到与经济发达地区相同的开发利用水平。此时,资源的开发和利用不仅受到设备的制约,还可能因缺乏支持性环境而导致教育效果不理想。

不同地区的可利用资源也存在显著差异。例如,历史名城或大都市因其独特的历史遗迹和便利的社会条件,能够为大学生提供丰富的思政教育资源。这些地区的教师可以利用本地的文化遗产和社会资源开展多样化的思政教育活动,以增强学生的历史意识和社会责任感。相较之下,一般地区和城市的教育资源相对较少,且通常较为陈旧,缺乏能够激发学生兴趣的多元化教育形式,这使得他们在高校思政教育资源的开发利用上面临较大的挑战。

(三)财力因素

财力因素在高校思政教育资源的开发与利用中扮演着至关重要的角色,具体表现为资金投入对教育资源开发和应用程度的显著影响。高校在进行思政教育资源开发时,充足的资金支持是实现目标的基础条件。缺乏必要的资金投入,往往使得高校无法获得其所需的思政教育资源,进而影响教育效果和教育质量。

在实际操作中,许多地方高校在思政教育资源的开发与利用方面表现不足,通常归因于资金的短缺。当经费投入不足时,思政教育工作将面临诸多挑战,包括教育主体的积极性受限、教师的专业培训不足以及教育设备的老化和更新困难等问题。尽管高校在理论上掌握了现代化的教育手段,但由于资金不到位,导致在实际操作中常常感到力不从心,无法有效地开展思政教育资源的开发和利用工作的问题。

反之,若资金充足,教育资源的开发与利用主体便能够积极引进和更新所需的设施设备，这不仅提高了教育工作的整体效率，还能显著激发思想政治教师的积极性和创造性。资金的充分投入为教育活动的顺利开展提供了有力保障，促进了思政教育资源的全面开发与有效利用，进而提升了教育质量与效果。因此，财力因素在推动高校思政教育资源的开发利用、提升教育活动的质量和效果方面具有不可忽视的重要性。

（四）环境因素

环境因素在高校思政教育（思政教育）资源的开发与利用过程中扮演着至关重要的角色，作为外在条件，它不仅影响高校思政教育系统中其他要素的运作，也直接关系到整个思政教育活动的效果。环境因素可以从宏观和微观两个层面进行探讨。

第一，宏观环境主要指高校思政教育活动实施所处的社会大环境。近年来，中国社会经历了快速的改革与发展，社会思想呈现出多元化的趋势，各种新兴思想、文化和观念层出不穷。这一社会变革对高校思政教育产生了显著的影响，一方面为思政教育资源的开发利用提供了许多便利条件，使得思政教育内容更加丰富、形式更加多样；另一方面，也使得高校思政教育面临各种消极思想的冲击和挑战。在这种情况下，思政教育的开展不仅需要应对来自社会大环境的多重影响，还需要积极引导学生在多元思想中树立正确的世界观、人生观和价值观。因此，宏观环境的发展变化对于思政教育的实施具有重要的干扰和影响作用。

第二，微观环境则主要指高校思政教育对象所处的内部小环境，包括学校、家庭和社区等。在学校层面，学校的学风、校风以及整体文化氛围都对思政教育的有效实施起着重要的影响作用。良好的校园文化能够为思政教育提供积极的支持，有助于增强学生对思政教育内容的认同感和参与度。与此同时，家庭环境也是微观环境的重要组成部分，家庭的家风、生活习惯及其文化氛围对学生的价值观和心理健康发展有着深远的影响。和谐的家庭文化氛围能够为学生的成长提供良好的支持，有利于其接受和内化思政教育的内容。此外，社区环境同样不可忽视，社区的文化氛围、社会活动以及与学校的互动关系都对学生的思想政治素养有着潜在的影响。

总之,影响高校思政教育资源开发利用的因素有很多。在制定对其开发利用的具体原则和策略时,必须考虑到这些影响因素,只有这样才能制定出相对科学的原则和正确的决策,它才能被充分地开发和有效地利用,更好地提高思政教育实效,从而实现它的预期目标。

四、高校思政教育资源开发利用的原则

合理开发利用高校思政教育资源,是教师围绕着实现积极、健康、正确地引导大学生的目标以及对教育资源进行深度挖掘,重新挖掘或优化组合,使之能够有效地帮助大学生健康的发展的途径。提高大学生思想道德素质是高校的重中之重,所以思政教育工作一定要落实好。高校思政教育资源的开发利用受到各种因素的影响,对高校思政教育资源的开发利用是不能随意地进行的,必须遵循一定的原则。

(一)系统性原则

遵循系统性原则,是指在进行资源的开发和利用时要站在宏观的高度,拒绝无系统和不协调。系统是由要素组成的,实现系统的整体目标需要全部要素的共同作用,仅依靠一种或几种要素的作用是不够的。高校思政教育资源是由若干个子系统构成的,这些子系统相互联系、相互依赖,具有特定的结构和功能。高校思政教育资源各个部分之间环环相扣,一旦某一部分受到影响就会影响整体,所以要根据其具体情况来制定教育策略,在不影响其大体发展的同时,又要实现创新与进步。教育资源的开发利用总是存在于一定的环境之中,依赖、受制于一定的环境。所以,在开发利用高校思政教育资源时,要结合时代发展的需求,加强高校思政教育资源系统的综合开发和利用。

(二)时代性原则

遵循时代性原则,就是指要坚持与时俱进,体现时代发展的特征。高校思政教育资源是一种客观存在,时代的发展和变化会使高校思政教育资源不断地发展和变化。高校思政教育资源开发利用主体,要根据时代的发展和变化不断更新高校思政教育资源的内容,开发利用的手段也要符合时代

发展的需求。例如网络，通过网络建立交流平台，网络作为一种新兴技术，对大学生群体有很大的吸引力。所以积极合理地开发和利用网络资源是非常必要的。时代的发展和变化还会带来更多的新资源和新技术，因此，开发利用教育资源必须结合时代发展，及时更新资源内容，这样才能保证高校思政教育工作的稳定开展。

（三）开放性原则

遵循开放性原则，就是指在保证合理开发和利用教育资源的同时，又要注重拓宽视野、海纳百川，拒绝封闭和僵化。高校思政教育资源不是孤立存在的，所以在开发利用高校思政教育资源时要兼容并蓄。除校园生活中存在资源外，家庭、社区乃至整个社会蕴含着丰富的资源。在开发利用高校思政教育资源时要把目光放长远，要走出校园，挖掘和利用校外乃至国外的优秀文化，互相交流，互相学习，升华思想，充分发挥资源价值，共同进步。

（四）可持续性原则

遵循可持续性原则，是指在对相关资源进行开发和利用时既要满足所要达到的愿望以及需求，除此之外，还必须考虑后代人开展高校思政教育工作的需求。现代大学生思想政治工作的开展必须符合时代的发展需求，可持续性发展不仅仅是社会的发展需求，更是当代开发利用思政教育资源的需求。高校思政教育资源并不是我们想象的那样，取之不尽，用之不竭，是不可以无休止地进行开发利用的，有些资源可以反复利用，但有些资源则是不可再生的，如自然资源。在开发利用高校思政教育资源过程中，必须树立资源的可持续发展观，重视对资源的保护，做到在开发中保护、在保护中开发。一旦忽略了其中任何一个环节就会使其使用价值不断降低，甚至还会导致相关资源的流失。因此，教师在进行高校思政教育资源开发利用时，应该把对后代人利用资源的机会的损害降到最低，使后代人在对大学生进行思政教育时有充足的资源可以利用，杜绝只开发不保护的现象，兼顾社会效益和经济效益，并把社会效益放在首位，使高校思政教育能够顺利开展，并且达到预期的目标。

五、高校思政教育资源开发利用的策略

高校教师在严格把关思想教育资源开发利用环节的同时，要从大学生身心健康的角度出发，分析现阶段教育资源开发利用中存在的问题，找出出现问题的原因，有针对性地调整高校思政教育资源开发利用的策略，只有这样才能将更多的思政教育资源合理地运用起来，并且能够在大学生思想教育工作过程中发挥积极的作用，加大工作的力度，深化体制改革，结合时代的发展背景，从而提高思政教育工作的效率。

（一）树立现代高校思政教育资源意识

高校思政教育资源开发利用的工作效果与很多因素有关，其中最主要的就是开发利用主体的主观意识，相关教育人员对高校思政教育资源使用的态度以及行为方式，并且开发利用主体的态度和行为方式都是受其意识所支配的。要想使高校思政教育资源得到充分合理地开发和利用，必须树立现代高校思政教育资源意识，这是高校思政教育资源功能能够充分发挥作用的思想前提。

1.树立高校思政教育资源的整体观念

理解和把握高校思政教育资源要从总体出发，从宏观来看，因为教育资源之间的关系千丝万缕，必须从整体出发，将各种形态的高校思政教育资源放到高校思政教育资源整体中去考察，任何一种资源形态都不是孤立存在的，而是与其他相关资源形态结合在一起的。可以孤立的生成，可以不依靠其他资源的存在作为环境而存在着的资源形态是不存在的。不同的高校思政教育资源之间是相互依赖、相互依存的，所以任何一种具体的高校思政教育资源都不能孤立地运行，都需要其他相关资源作为条件或者环境，才能将其效用充分地发挥出来。所以，在开发利用高校思政教育资源时必须树立整体观念，重视具体资源形态之间的内在联系，优化整合，不断提高高校思政教育效率，推动高校思政教育工作的开展。

2.树立高校思政教育资源的可持续发展观念

教师必须以长远的目光来看待高校思政教育的发展，因为只有高校思

政教育资源存在，其才有健康发展的支撑，合理开发和利用资源是实现持续发展的基础，高校思政教育资源的发展具有历史性，它与社会和人民的发展需要以及开发利用主体的开发能力联系在一起，其种类、数量、规模和功能都在不断地变化和发展着。高校思政教育资源的具体形态也在随之不断变化，种类更加丰富，数量不断扩大，保证了它的持续发展状态。随时代变化而来的先进科技与理念影响着人们，人们还会开发和创造出更多新的资源形态，高校思政教育资源的整体质量也会在开发利用的合理有效，以及不断发展的促进下大幅度提高。在高校思政教育资源的持续发展下，必须遵循其发展规律，树立科学的发展观念，重视高校思政教育资源的合理开发和利用，实现高校思政教育资源效益的最大化。

3.树立高校思政教育资源的开放观念

有交流才会有收获，高校思政教育资源必须具备开放观念，因为它与所处的环境有着紧密的联系，在观念开放的条件下，才能够清楚地看到问题和不足，才能保证它的持续稳定发展。在开发利用某种资源时会借助其他资源的协作和配合。某一种资源的功能也不是静止的，随着社会的发展、科学技术水平的进步和人们认识水平的提高在广度和深度上会不断扩展。所以在开发利用高校思政教育资源时，必须认识到其功能的开放性，树立开放的观念不仅能加深对其的理解，同时也能够尽可能挖掘其价值。

4.树立高校思政教育资源的效益观念

要获得相应的效益，就必须树立相应的高校思政教育资源的效益观，对于教育资源的投入与产出而言，要求我们在开发利用高校思政教育资源时要确定合理的成本标准。对任何一种高校思政教育资源的开发利用，都是以一定的投入为前提的，都要消耗一定的成本，如资金和劳动等。成本的高低会影响效益的高低。在开发利用高校思政教育资源时，一定要重视效益，确定科学合理的成本投入，使高校思政教育资源开发利用的效果实现最大化。

（二）加强资源的优化整合，提高资源的利用率

高校思政教育资源的有效整合是大数据时代形成思政教育合力、提升

思政教育实效性的关键①。主体资源、客体资源、介体资源和团体资源构成高校思政教育资源体系，每一要素都发挥着巨大的作用，关系大学生思想道德的健康发展。高校思政教育是一项复杂的工程，需要学校、家庭、社会各方面的通力合作才能取得良好的效果。在开发有利于大学生思想道德健康发展的途径时，我们必须以此为中心，明确教学资源系统中诸要素和各层次的关系，优化学校、社会和家庭资源三者的结构，使资源的功能得到最大的发挥，正确引导大学生的成长与健康发展。

1.优化整合校内资源

大学生虽然大多都已成年，但心理素质不稳定，学校是引导其主要阵地，系统整合校内资源，使校内各种教学资源最大限度地发挥其作用，部署好各种资源的具体负责方向及必须取得的成果的计划是当务之急。

(1)整合校内课程资源，大学生在校园生活中所接触的课程种类繁多，可以在各个课程中穿插思政教育，循序渐进地引导大学生健康发展。因此课程在大学生思想道德素质培养中具有重要的作用。要自觉强化课程教学的思政教育意识，树立各种课程都具有育人功能的观念，积极探索课程育人功能的途径和艺术，将思政教育内容渗透于各学科教学之中。

(2)整合校内人力资源，大学生往往也都有自己对事情的一些看法，要积极地影响他们，还必须有一个健全的队伍。每个人都参与其中，只依靠思想政治理论课教师的想法是错误的，高校思政教育主体不仅包括思想政治理论课教师，还包括辅导员、各科教师以及高校的其他工作人员。要发挥教师的主导作用，明确各个教育主体的职责，充分发挥教学、管理和服务育人的功能。

(3)整合校园文化资源。校园文化作为高校精神风貌与价值取向的集中体现，蕴含着丰富的育人资源。通过深入挖掘校史、校训等文化元素的育人功能，将其融入各类校园活动中，如学术讲座、文艺演出、志愿服务等，不仅能够丰富大学生的校园文化生活，还能在潜移默化中传递正确的价值观念，提升大学生的思想政治素养与人文情怀。同时，校园文化资源的整合也

---

①段诗云.资源整合视角下高校网络思政教育联动机制研究[J].教育现代化，2017(16).

有助于营造积极向上的校园氛围,为大学生的健康成长提供坚实的文化支撑与精神滋养。

2.优化整合校际资源

在高校思政教育资源的开发利用中,校际资源的优化整合是一个重要而复杂的议题。鉴于各高校在类型、层次上的差异性,其对学生的思政教育方式及力度亦呈现出多样化的特征。因此,在致力于营造良好校内环境的同时,探索与其他高校的交流合作,实现资源共享与优势互补,成为提升思政教育质量与效率的关键举措。

(1)教师资源的共享是校际合作的核心内容之一。通过加强各高校之间的深度合作,可以实施教师互聘机制,促进优质教育资源的跨校流动。这种合作不仅有助于拓宽学生的学术视野,还能通过教师间的经验交流与远程教学,提升思政教育的专业性与针对性。具体而言,各高校可以定期举办教师研讨会、工作坊等活动,搭建教师交流平台,促进教学理念、方法与技巧的相互借鉴与融合,从而推动思政教育师资队伍的整体素质提升。

(2)构建高效便捷的校际关系联络网,是实现资源共享的重要技术支撑。随着信息技术的飞速发展,网络已成为连接各高校的重要桥梁。因此,创建具有特色的思政教育网站,形成校际思政教育网络系统,成为推动资源共享的有效途径。这一网络系统不仅可以提供丰富的思政教育资源,如课程资料、案例库、专家讲座视频等,还能实现各高校间的即时通信与信息共享,促进思政教育内容的更新与迭代。同时,通过网站的互动功能,可以激发学生参与思政教育的积极性,形成线上线下相结合的思政教育新模式。

(三)深入挖掘已有资源,积极开发新资源

对大学生进行思政教育的工作永不能停歇,但跟随时代发展,教学方式又不能一成不变,所以必须发展新型教育,寻找新的教学资源以确保思政教育工作的顺利进行。

1.挖掘拓展校外资源

(1)积极开发利用家庭资源。家庭作为个体成长的第一课堂,其资源对于思政教育具有不可替代的价值。为了充分发挥家庭资源的积极作用,教

师应与家长建立常态化的沟通机制，确保双方能够及时了解学生的心理健康状况及成长需求。在这一过程中，教师应积极引导家长参与到思政教育中来，通过家庭会议、家长课堂等形式，提升家长的教育素养，使其能够在日常生活中潜移默化地影响学生的思维方式与价值观念。同时，思想政治教师还应协助家庭构建温馨和谐的家庭环境，通过营造积极向上的家庭氛围，为学生的健康成长提供坚实的情感支持与精神滋养。

(2)开发社区资源。社区作为大学生生活的重要场所，其丰富的物质与精神资源为思政教育提供了广阔的空间。为了有效开发社区资源，高校应加强与地方政府的合作，共同探索社区资源的整合与利用路径。例如，可以组织学生参观具有民族特色或积极向上影响的历史遗迹、文化场馆等，通过实地考察与学习，引导学生树立正确的历史观、文化观与价值观。此外，高校还可以联合地方机构，争取更多的科技馆、博物馆等公共设施对大学生的开放机会，通过组织参观、志愿服务等活动，让学生在实践中深化对思想政治理论的理解与认同。同时，高校还可以利用社区资源开展丰富多彩的思政教育活动，如社区文化节、志愿服务周等，让学生在参与中感受思政教育的魅力与价值。

(3)借鉴、引进国外优秀教育资源。在全球化背景下，国际的交流与合作日益频繁，这为高校思政教育提供了更为广阔的视野与资源。为了提升思政教育的国际化水平，高校应积极借鉴与引进国外优秀的思政教育资源。一方面，可以通过开展国际学术研讨会、邀请国外专家讲学等形式，引进国外先进的思政教育理念与方法；另一方面，可以组织学生参与国际交流项目，如海外游学、国际志愿服务等，让学生在跨文化交流中拓宽视野、增进理解。此外，高校还可以借鉴国外优秀的思政教育教材与课程，结合我国实际情况进行本土化改造与创新，以丰富思政教育的内容与形式。同时，通过开展读书月、读书分享会等活动，推荐教职工与学生阅读国外优秀的思政教育书籍与文献，引导他们从中汲取有益成分，并结合自身实际加以运用与创新。

2.挖掘传统文化资源

中华文化博大精深、源远流长，在优秀传统文化之中蕴藏着丰富的、大量的信息。各种文献中都蕴含着古人的思想，虽然事随时异，但依然还有许多可取之处，不可以忽略其在高校思政教育中所起到的作用。开发利用主体必须与时俱进，寻找其中的有用资源，帮助教育工作的开展，将传统文化中适合现在社会发展的部分开发出来，取其精华，去其糟粕，在继承的基础上不断创新，使之为高校思政教育服务。近年来对国学的研究不断深入，有很多优秀的关于中国传统文化的读物，这些读物对于高校学生思想健康发展具有积极正面的作用，可以推荐学生广泛阅读此类书籍，以取优补劣。同时思想政治教师还要将传统文化寓于课堂教学和大学生的日常生活当中，开展一些富有传统文化内涵的校园活动，对大学生进行深入的传统文化教育。

3.开发利用网络资源

时代的进步和发展要求我们必须开发和利用网络资源。网络是一把双刃剑，快捷方便，在拓宽了大学生对外接触面的同时，却又不够安全，这一点也严重影响了思政教育工作的顺利开展，所以教师还要注意阻隔不良信息，克服网络给我们带来的挑战和困难，最大限度地利用好这一途径，与时俱进地做好教育工作。开发利用网络资源，要积极地提高教师和学生的信息素养。要对教师和学生进行马克思主义理论和法制教育，使他们能够在复杂的网络环境下坚定立场，尤其是大学生，必须不断增强他们的政治辨别力和对有害信息的抵抗力。要对教师和学生进行具体的网络知识技能培训，提高他们开发利用网络资源的能力。只有这样，才能提高他们对信息的鉴别和筛选能力，使他们能够更好地处理信息问题，从而更加合理地利用好各种资源，开辟出一块属于高校学生的网络净土，与此同时，可以通过网络途径再开拓出其他的发展思政教育的途径。充分利用网络资源，实现思政教育工作的稳定开展。

4.开发利用隐性资源

隐性资源作为高校思政教育资源的重要组成部分，其涵盖范围广泛，影响力深远，是指那些除思想政治理论课之外，对大学生成长与发展产生积极影响的各类非显性要素。这些资源虽不直接以思政教育课程的形式呈现，却以其独特的方式渗透于大学生的日常生活与学习之中，影响着他们的思想观念、价值取向与行为模式。因此，深度开发与有效利用隐性资源，对于提升高校思政教育的实效性具有重要意义。

(1)物质形态隐性资源。物质形态的隐性资源主要体现为大学校园、社区及家庭等物理空间所蕴含的教育价值。校园自然环境与人文环境的建设是物质形态隐性资源开发的重要方面。高校应致力于打造一个既美观又富有文化底蕴的校园环境,通过绿化美化、文化设施建设等措施,营造积极向上的校园氛围,使学生在优美的环境中陶冶情操、提升审美。同时,加强对校园周边环境的综合治理,消除不良因素对大学生的负面影响,为思政教育提供良好的外部环境。此外,社区与家庭作为大学生生活的重要场所,其物质环境的建设同样不容忽视。高校应与地方政府、社区组织及家长紧密合作,共同推进社区与家庭人文环境、自然环境的优化升级,为大学生提供健康、和谐的生活空间,使其在良好的环境中健康成长。

(2)精神形态隐性资源。精神形态的隐性资源更多地体现在专业课教育、家庭、教师、社会及学生自身等方面所蕴含的思政教育价值。专业课教育中蕴藏着丰富的思政教育资源,高校应深入挖掘专业课程中的思想政治元素,通过案例教学、项目实践等方式,将思政教育融入专业教学之中,实现知识传授与价值引领的有机统一。

家庭、教师、社会及学生自身的隐性资源同样具有不可忽视的教育价值。教师的言行举止、人格魅力等,都是学生模仿与学习的对象,对学生思想观念的形成具有重要影响。因此,高校应加强对教师队伍的思政教育,提升教师的师德师风水平,使其成为学生成长道路上的良师益友。同时,家庭作为个体成长的第一课堂,其文化氛围、教育理念等都会对学生的思想观念产生深远影响。高校应加强与家长的沟通与合作,共同营造良好的家庭教育环境,为学生的健康成长提供有力支持。

此外,校园文化、家庭文化和社区文化作为精神形态隐性资源的重要组成部分,其隐性思政教育功能同样值得深入挖掘与利用。高校应通过开展丰富多彩的校园文化活动,如学术讲座、文艺演出、志愿服务等,营造积极向上的校园文化氛围,使学生在参与中受到熏陶与感染。同时,加强与家庭文化和社区文化的互动与交流,共同构建全方位、多层次的思政教育体系,为学生的全面发展提供有力保障。

第二节 利用新媒体技术进行高校思政教育

新媒体技术凭借其鲜明的独特魅力和难以估量的巨大潜力，正在逐步且深刻地重塑着人们的生活习惯与学习方式，其影响力之广、渗透力之深，已不容忽视。在信息化与数字化浪潮的推动下，这一技术革新不仅为个人的日常生活带来了诸多便利，也促使教育领域迎来了前所未有的变革契机。

对于高校思政教育这一特殊而重要的教育领域而言，新媒体技术的融入无疑为其带来了前所未有的机遇与挑战。新媒体技术以其即时性、交互性、广泛性等显著特点，为思政教育的传播与接收提供了更为便捷、高效的途径。通过新媒体平台，思政教育内容得以跨越时空限制，以图文、音频、视频等多种形式呈现，极大地丰富了教育手段，增强了教育的吸引力和感染力。充分利用新媒体技术优势，探索出一条符合时代要求、适应学生特点的高校思政教育新路径，成为当前和未来一段时间内的重要课题。

一、利用新媒体技术进行高校思政教育的原则

（一）继承性与创新性相结合的原则

思政教育是随着历史条件的变化而不断发展的，是一门与时俱进、富有生命力的学科。高校思政教育也一样，同样也是在继承中求发展，在发展中求创新。

第一，继承是创新的前提和基础。我国有着丰富而深厚的思想道德教育资源和优良的思政教育传统，这些都是当前思政教育发展的前提和基础。任何时期的思政教育都是以前一时期思政教育的成功经验和传统作为基础的，割断了思政教育的历史发展，就会失去其继续前行和发展的条件。我们党的思政教育工作方法是经过长期教育实践的检验，被人们一致认同和接受的。

第二，创新是继承的目的和要求。再好的思政教育方法和内容必然会随着时代的前进而前进，实践的发展而发展，否则就不可能保持旺盛的生命力。当前，高校思政教育面临着许多新情况、新问题，仅仅依靠传统的教育

经验、教育手段等，已经远远不能满足大学生的学习需求了。因此，继承和创新是辩证统一的，两者相互联系，相互促进，相辅相成。继承并不是全部继承，而是根据当前的历史进步和时代发展的需要，对思政教育的传统内容进行批判的加工、改造和吸收，是一种以创新为导向的继承。思政教育的创新，是着眼于现实和发展的需要，直接服务于现实的需要。总之，继承和创新的结合与统一是高校思政教育发展的不竭动力。

新媒体技术下高校思政教育路径，就是结合时代背景与现实需要，在继承传统路径的基础上服务于现实的需要，利用新媒体自身的特性优化和拓展当前高校思政教育路径，以满足大学生对学习的需要，提高高校思政教育的传播力、吸引力和有效性。

（二）主导性与主体性相结合的原则

高校思政教育本身就体现了我国社会发展和人的发展的目标指向性或价值取向性，具有鲜明的导向性。这种导向性集中表现为目的性与先进性，它是一个国家和民族对其成员实施思想观念、政治观念、理想信念、道德情操等诸多素质方面的要求。因此，高校思政教育，无论从教育目标、教育内容上都具有鲜明的导向性。由于新媒体具有中性的工具性特征，在使用新媒体开展高校思政教育活动的时候应坚持教师的主导性与学生的主体性相结合的原则。

新媒体技术下教师主导原则是指，在思政教育活动过程中要始终遵循政治导向的准则，即要坚持和维护社会主义意识形态的主导地位，坚持正确的政治方向，它是思政教育本质的反映，也是思政教育阶级性的集中体现。新媒体的开放复杂性、即时性与动态性使高校思政教育面临挑战。在新媒体环境下，高校思政教育要坚持主导性原则，体现在三个方面：①坚持和维护社会主义意识形态的主导地位。坚持马克思主义理论、中国特色社会主义理论体系为指导，坚持走中国特色社会主义文化发展道路，坚持办好中国特色大学；②坚持高校思政教育内容主导性，要把马克思列宁主义、毛泽东思想、中国特色社会主义理论体系作为中心内容，特别要坚持以中国特色社会主义理论体系为指导内容，进一步加强爱国主义、集体主义和社会主义核心价值观的教育;③主导性原则不仅要体现在某一次具体的教育活动中,而且要贯穿整个思政教育活动的全过程。新媒体在高校思政教育教学活动中的运用将成为常态。

新媒体技术下的大学生主体性原则是指,高校思政教育话语对象对思政教育信息和环境,具有能动的感受、选择、判断、内化和践行的能力。新媒体环境改变了人们与信息的关系,它的普及与广泛的应用使得大学生的独立意识、民主意识、自我意识和创新意识都有了进一步的增强,大学生从被动地接收信息逐渐变成信息的传播者。新媒体环境下的主体原则,尊重大学生的话语表达权利,尊重学生在学习和实践活动中表现出来的自觉能动性和创造性。

将主体性与主导性相结合的教育原则,能够在保障学生个性化成长的同时,确保思政教育的目标方向始终保持正确性与一致性。尊重学生的主体性意味着充分肯定其在学习和认知过程中的独立性与主动性,鼓励学生根据自身的兴趣、能力和个性特点展开自主探索与思考。这不仅有助于学生更好地发挥个人潜能,还能激发其内在的学习动力和积极性,从而实现个性化的发展。然而,仅有主体性的发挥还不足以保证教育目标的全面实现,教师的主导性则在其中扮演着至关重要的角色。教师作为知识的传播者和价值观的引导者,通过科学合理的教学设计、教学内容的选择和教学方法的应用,能够确保学生的个性化成长与思政教育的总体目标相一致。

主体性与主导性相结合的教育模式,既为学生提供了自由发展的空间,又通过教师的指导和引导,使学生的思想观念和价值判断逐渐趋于成熟与完善。这种双重保障机制能够有效促进大学生的全面素质提升,不仅体现在其知识结构的丰富和能力的提升,更在于其思想政治素质的提高。通过这一教育方式,学生在学术、社会认知、价值取向等方面获得全方位的发展,推动其在思政教育中取得更深层次的进步与飞跃。因此,这一结合模式是确保学生在思政教育中实现自我成长与教育目标高度统一的重要路径。

(三)主动传播与引导选择相结合的原则

当前,大学生是新媒体的主要运用人群之一。一方面,新媒体在给高校思政教育带来积极影响的同时,也带来一些负面的影响,比如多元化的价值观念、良莠不齐的信息、泛娱乐化的表达等都在影响着大学生价值观念的形成;另一方面,新媒体也是大学生发表意见的平台,很多同学会通过互联网跟帖、转载感兴趣的内容,表达自己对社会问题的一些态度、意见,发泄自己的一些不良情绪。因此,思想政治教师要坚持主动传播与引导选择相结合原则。

主动传播是指教师根据大学生使用新媒体需求,以及新媒体的传播特点和传播规律,积极主动地在新媒体平台传播符合社会主义价值取向的正能量。坚持用马克思主义理论解读当下的社会热点问题,坚定马克思主义的话语立场,宣传社会主义先进文化的发展方向。主动传播还要求高校自主建立起一批具有影响力的新媒体平台,并与其他机构或学校结成新媒体平台联盟。积极主动地用社会主义核心价值体系引导校园舆论空间,壮大主流思想舆论。要在思想上、实践中充分结合大学生的时代特征,利用新媒体创新教育形式,引导广大学生积极投身到中华民族伟大复兴的洪流中。

引导选择是指新媒体信息良莠不齐,大学生对信息分析、解读的能力不强,需要教师对其进行引导选择。此外,新媒体中思想表达活跃,教师需要通过大学生在新媒体中的言行来看大学生的思想变化,大学生在新媒体中选择了什么信息、拒绝了什么信息往往反映了大学生的信息需求和价值取向。因此教师需要根据大学生思想形成发展的规律,调动大学生内在积极因素,给予积极正面的引导,要通过细致入微的思想工作,循循善诱,启发自觉。

坚持主动传播和引导选择相结合的原则,意味着教师在教学过程中不仅要积极主动地传播正确的思想和价值观,还应注重通过有效的引导帮助大学生在复杂的社会环境中做出符合道德规范与社会期望的选择。这要求教师在教学实践中既要积极发挥主导作用,传递积极的、符合社会发展需求的价值导向,同时也应具备敏锐的判断力和引导能力,能够帮助大学生在多样化的信息环境和各种利益冲突中,趋利避害,避免受到不良信息和负面影响的干扰。通过对学生的思想动态进行有效的引导,教师可以促使其形成正确的价值观和人生观，使他们在面对复杂的社会选择时能够坚定正确的立场，进而做出理性且符合社会发展要求的决策。这样一种教育理念，既体现了对学生自主选择权的尊重，也彰显了教师在价值观教育中的引领作用。

（四）虚拟性与现实性相结合的原则

虚拟性是新媒体的核心特性之一，体现为信息以数字化的形式存在，通过互联网进行传播和共享。新媒体的虚拟性并非完全脱离现实，而是对现实的数字化反映，是对现实生活的一种虚拟表达。文字、图像、声音等通过技术手段转化为数字信息，形成了新媒体这一无形的网络世界。然而，正因为这些信息源自现实，虚拟性与现实性之间并非对立，而是相辅相成的。新媒体中的每一个事件、热点和话题，实际上都与现实生活有着密切联系。因此，在教育过程中，虚拟与现实的结合是必要且不可避免的。

从教育视角来看，虚拟性与现实性相结合的原则要求教师不仅要熟练掌握新媒体的技术操作，还要充分理解其内容与现实世界的关系。在高校思政教育中，这意味着教师需要认识到新媒体中的信息与现实中的教育内容存在双向互动的关系。例如，新媒体平台上频繁出现的社会热点问题、突发事件，往往反映了现实社会的某些情绪或现象。教师在利用新媒体开展思政教育时，必须敏锐地把握这些虚拟事件与现实生活的联结，从而有效引导学生理解现实社会的问题和挑战，促进他们的思想成长。

高校思政教育内容的设计与实施，既要考虑学生在现实中的个性特点和心理发展规律，也要注重新媒体传播特性的应用。新媒体的快速传播与广泛覆盖为高校思政教育提供了更为便捷和多样化的方式，但同时也带来了信息碎片化、情感波动等新挑战。因此，教师需要在设计思政教育内容时，既保持对现实生活的关照，又能够借助新媒体技术增强教育的趣味性和感染力，使虚拟世界中的教育活动与现实生活中的教育目标相一致。

二、利用新媒体技术优化高校思政教育的思路

由于传统的高校思政教育路径在今天还在使用，未来仍将继续使用，新媒体技术下的高校思政教育路径并不是对传统路径的摒弃，而是更好地融

入,因此新媒体技术下的高校思政教育路径建设思路,一方面要使新媒体更好地融入传统路径,另一方面要使融入新媒体的高校思政教育的新路径更有效、更广泛地发挥作用。

(一)巩固并拓展传统高校思政教育新路径

高校思政教育路径的演变是一个与社会整体变迁紧密相连的动态过程。这一过程的本质,并非简单地以新旧更替为标志,而是体现为传统路径在新时代背景下如何与现代科技,尤其是新媒体技术相融合,共同促进思政教育体系的创新与深化。

巩固传统高校思政教育路径,要对其历史价值与实践成效有深刻认识与尊重。传统路径,诸如课堂讲授、面对面讨论及实践活动等,长期以来构成了思政教育的主干框架,它们在培养学生正确的世界观、人生观、价值观方面发挥了不可替代的作用。特别是课堂教学,作为思政教育的主渠道,其系统性和直接性确保了理论知识的高效传递,而权威式的灌输方法,虽常遭诟病其缺乏互动性,但在特定情境下,对于快速建立理论认知框架、强化核心价值认同具有显著效果。

然而,面对信息技术日新月异的今天,单纯依赖传统路径已难以满足新时代大学生的多元化需求。因此,拓展并融入新媒体技术成为高校思政教育路径创新的必然选择。新媒体以其即时性、交互性、广泛性等特性,为思政教育提供了前所未有的广阔舞台。通过社交媒体、在线学习平台、虚拟现实技术等新媒体工具,思政教育得以突破时空限制,实现个性化学习、互动式交流,极大地丰富了教育内容与形式,增强了教育的吸引力和感染力。

在此背景下,巩固并拓展传统高校思政教育新路径,实质上是在保持传统教育优势的基础上,探索两者间的深度融合。这要求教师在实践中既要坚持课堂讲授、理论灌输等传统方法的有效性,又要勇于创新,利用新媒体技术优化教学设计,如开发互动式教学软件、构建线上思想政治社区、实施混合式教学模式等,使传统路径焕发新生。同时,还需关注大学生群体的心理特征、信息接收习惯,以及社会热点问题的融入,让思政教育更加贴近学生实际,提升其针对性和实效性。

(二)整合思政教育传播,推进新媒体技术的融合发展

信息时代传播技术的整合发展趋势与传播环境的变化,使大思政教育传播的整合成为必然。思政教育传播整合是以潜在的和现实的思想政治学生(即所有受众)为对象,对思政教育传播活动进行策略与战略的重整组合,统一配置资源,综合协调地使用各种形式的传播媒介,把受众与社会的所有接触点作为思政教育传播渠道,以增强受众对信息理解的一致性和完整性,提高思政教育传播效果。

用新媒体传输教育信息强调的重点不在于是否传输信息,而在于如何更有效地传输信息,就是在原有的基础上进一步地提高教育效能。

高校思政教育传播的整合是一个破旧立新的过程。整合是为了重建一种新型的适应信息时代的高校思政教育的关系。各种教育资源按照优化组合与合理分配的原则,达到资源集约配置和提升价值的效果。思政教育传播的整合是事物的原有秩序,按照新的规则予以组合,谋求最大的合力。

随着时代的发展和信息技术的进步,高校思政教育也不断地面临一些新的问题,特别是在新媒体环境下,教师如何有效地把握高校思政教育的现状,如何有效地开展高校思政教育都面临着巨大的挑战。面对这些新的变化和新的挑战,高校思政教育路径要顺应时代发展和科学技术发展潮流,结合时代发展成果,丰富和优化当前路径。高校思政教育路径,不仅要结合时代发展成果,还要将这些先进的技术成果运用到当前的法学生思政教育路径中去,优化和创新高校思政教育方法,促进高校思政教育方法的现代化。将新媒体技术与高校思政教育路径相融合,是高校思政教育方法价值理性与工具理性,教育手段与教育目的的统一。对现代科学技术与信息技术的用法,要秉承“用之得法、用之有度”的原则,避免技术依赖和技术崇拜,使技术永远服务于高校思政教育。

三、利用新媒体技术进行高校思政教育的路径拓展

(一)拓展理论教育路径

1.教育途径:微课、翻转课堂与慕课

(1)微课教育途径。微课是在互联网环境下为了适应教师需求而逐渐发

展起来的一种教学形式，也是近年来逐渐兴起的一种教学形式。从课程的教育来理解，微课就是“课程”，因为它包含了教育目标、教育资源、教育方案、教育评价等符合课程所定义的基本要素；从课程与教学的关系理解，微课是“课”，因为微课是针对某个学科的某个知识点或教学环节开展的简短而又完整的教学活动；从教育资源构成的角度来看，微课是以短小视频的形式展现。

与传统的教育课程相比，微课是适应信息化时代人们碎片化学习的需求，它的主要特点有：①教学时间短。微课的教学活动时间通常为5分钟到10分钟，最长不超过15分钟。与传统课堂40分钟或45分钟一节课的时间安排相比，微课更有助于集中学生的注意力，提升学习效率。这种简短的时长不仅适应了当代学生的快节奏生活方式，也使得他们能够在有限的时间内专注于特定的知识点，避免长时间的注意力涣散。②资源容量小。微课的选题通常以某一具体知识点或问题为中心，因而相应的学习资源容量相对较小。这使得学生可以在较低的网络要求下流畅地进行在线学习，无论是通过手机、电脑还是MP4等移动设备，均能够轻松实现资源的观摩和下载。微课的这一特点不仅提升了学习的便捷性，还满足了现代人碎片化时间利用的需求，尤其适合移动学习环境。③内容精制。微课的内容选择通常是围绕某一特定的知识点或教学环节展开，强调对重点或难点问题的深度讲解。与传统教学中的系统性论述不同，微课更加注重具体问题的解决与实用性，内容安排上力求简洁、明了。微课不仅在选题上注重精炼，其制作过程也要求高度的信息化和多媒体化。通过精心的教学设计与多元化的技术手段，微课能够呈现出丰富、生动的教学效果，极大提升了学生的学习体验和提高了学习效果。

对于传统高校思政教育来说，微课更加符合当代大学生的学习需求与学习习惯。传统的高校思政教育理论课，一次课的上课时间为50分钟左右，课程内容相对于其他学科来说概念性强、理论性强，教育方法也比较单一，加上宏大的叙事方式，思政教育理论课对大学生来说缺乏吸引力。微课短小精悍、针对性强，是对重点内容的细致讲解，可谓是课程知识点的精华，因此极富有吸引力。移动式的学习方式满足了大学生时时可学、处处可学的学习愿望。微课的学习形式不受时空的限制，无论线上还是线下，无论校内还是校外，大学生都可以自主选择。

（2）翻转课堂。翻转课堂的核心要义是要转变传统的教学方式，要求大学生转变传统的学习方式，从以往对知识信息的被动接受转变为对学习的主动探究和知识的自我建构。具体来说，翻转课堂是教师通过对大学生进行兴趣和求知欲的引导，促使大学生能够主动探究学习问题、积极参与学习活动，成为以自我求知需求为中心的一种新的教学模式。对于大学生而言，翻转课堂并不是放任不管、毫无组织的，自由随意地学习，而是要在教育目标、教育计划的指导下，通过教师精心设计教学活动，实现大学生积极主动地学习的目标。对于教师来说，要对大学生赋权，赋予大学生更多的自由，让大学生可以自主选择感兴趣的内容和喜欢的学习方式进行学习。

翻转课堂分为课前、课中、课后三个部分：①课前的教育学习视频和教育学习资源的准备是开展翻转课堂的前提条件。这些教育视频的制作，教育资源的研发大部分还是要靠教师自己。从这点来说，教师不仅要能够根据教学目标设计教育环节和教育活动，还要熟练掌握多媒体软件的应用，以及新媒体平台的运用，并且能够根据教育内容设计并制作出具有吸引力的教育素材。可见，翻转课堂的课前准备对教师提出了非常高的要求。②翻转课堂的课中阶段，课堂中是教师与学生之间相互交流、探讨与质疑讨论的环节。与传统课堂相比，教师必须充分尊重学生的个性，赋予学生更多的话语权，用心听取学生对问题的表达，思考过程和认识水平，积极地引导学生，通过与学生讨论问题、交流看法，使大学生在课堂上实现对知识的内化。③翻转课堂后的阶段是教师对学生的个性化辅导阶段，直接决定着学生对知识深化的程度。

从翻转课堂的理论构建角度来看，这一教学模式不仅有效促进了大学生学习能力的培养与提升，还更好地契合了现代社会对人才培养的多元化需求。此外，翻转课堂的实施与推广也与高校思政教育的实际需求密切相关。在当前教育环境中，高校思政教育不仅要解决学生在理论学习过程中的理解与掌握问题，更需关注学生在实际生活与社会实践中的应用能力。这些问题在传统课堂教学模式下，往往难以得到充分的解决，因为传统课堂通常以教师为中心，学生的学习往往局限于被动接受知识，缺乏自主思考与实践的机会。

翻转课堂通过将课堂学习与课外自主学习有机结合,鼓励学生在课外通过各种媒介进行知识的获取和初步理解,课堂上则留出时间进行深入讨论、问题解决和实际应用的练习。这种教学方式不仅提高了学生的学习主动性和参与度,还为他们提供了在真实情境中运用理论知识的机会,从而更有效地培养他们的综合素质与创新能力。

因此,翻转课堂的推广与运用不仅是一种教学改革的必然选择,更是当今教育发展的重要趋势。它代表了教育理念的转变,强调学生在学习过程中的主动性和实践性,更符合新形势下对高校教育质量与效果的高要求。

(3)慕课。慕课,又被称为大规模开放网络课程(MOOC),是面向社会公众的开放的网络课程,是一种面向所有人开放的免费教育资源。作为一种颠覆传统教育界限的平台,慕课不仅极大地拓宽了教育的边界,更深刻地体现了教育资源开放与共享的理念,使得全球范围内的优质教育资源得以无障碍流通与共享。

慕课的核心价值在于其开放性与包容性,这不仅体现在对地理位置、年龄、职业等界限的突破上,更体现在对传统课堂教学模式的革新上。它打破了时间空间的限制,让学生可以根据自己的节奏和兴趣进行个性化学习,同时,也促使教师的教学方式发生了根本性转变,从传统的单向讲授转变为引导、互动与反馈并重的多元化教学模式。这种开放式教学不仅提升了学习的灵活性和自主性,更重要的是,它深刻改变了教师"教"的方式和学生"学"的方式,为教育公平与质量的双重提升开辟了新的路径。

对于高校思政教育课程而言,慕课的兴起既带来了前所未有的挑战,也孕育着创新发展的无限可能。面对这一时代潮流,我国高校思政教育应积极拥抱慕课这一新兴教育形态,将其视为推动思政教育现代化的重要契机。通过慕课平台,高校可以更加高效、广泛地传播中华优秀传统文化和社会主义核心价值观,深入挖掘博大精深的中华文化的精髓,将之融入思想政治课程体系之中,构建既富含中国传统文化底蕴,又彰显中国精神和时代风貌的德育课程。这不仅有助于提升思政教育的吸引力和感染力,更能够拓展大学思政教育的新途径,为培养具有深厚爱国情怀、高度社会责任感和国际视野的新时代人才奠定坚实基础。

2.教育方式:主导式、建构式与混合式

新媒体技术下高校思政教育理论教育路径以微课、慕课、翻转课堂为主要途径,教师转变自身角色从教育权威演变为教育的设计者、主导者和助力者,采用情境教育法、泛在教育法、自我教育法等教育方法,实现高校思政教育理论教育的顺利开展。

(1)主导式教育。主导式教育强调在高校思政教育教学设计中融入新媒体,注重培养学生的学习能力。在这一过程中,教师主要发挥主导作用,扮演学习的促进者和指导者,帮助、引导并评估学生的学习进程。不同的教育媒体各具功能与特点,每一种媒体都有其优势与不足,它们之间的关系通常是互为补充,而非相互对立。选择教育媒体时,应以教育目标、内容和对象为基础,综合考虑媒体的特性和实际教学条件,做出合理判断。教师需将教材的理论逻辑体系转化为问题逻辑体系,以问题为导向设计整个教育过程。

大学生以解决问题为目标进行自主学习。在教师的安排与指导下,借助新媒体搜集和查询相关信息,整理学习笔记,分析学习中的问题与困惑。教师则根据学生的学习情况组织问题讨论,与学生进行思想交流、观点碰撞及情感沟通。这种教育设计不仅充分发挥了教师的主导作用,还激发了学生的学习主动性。大学生不再只是被动接受知识,而是在思考和内化过程中主动参与学习。

(2)建构式教育方式。建构式教育方式,根植于建构主义这一哲学理念,该理念是对认知主义的深化与发展。建构主义的核心观点在于,学习并非简单的知识搬运过程,从外界直接移植至记忆之中,而是一个复杂的、内在心理表征的建构过程。学生基于已有的经验,通过与外部环境的互动,不断获取并构建新知识。在此理论框架下,高校思政教育迎来了新的机遇与挑战。教师可以巧妙地运用新媒体技术,根据教学内容精心创设教育情境,从而有效辅助并促进大学生对教育理论的理解与内化。

新媒体技术以其强大的交互功能和庞大的信息存储能力,为大学生构建了一个实现个性化学习的广阔空间。从优化教学情境创建的角度来看,新媒体技术能够轻松创设并模拟高校思政教育环境乃至社会真实环境，如虚拟教室、微世界、虚拟现实软件等，这些技术环境使得教学环境得以弹性化延伸，极大地促进了大学生在知识建构与问题解决方面的能力。相比之下，传统高校思想政治理论教育受限于课堂时空，难以有效创设富有吸引力的学习情境，导致大学生在知识意义建构上感到困难或缺乏兴趣。然而，在新媒体环境中，借助现代信息技术和互联网络的优势，我们可以轻松创设或模拟出丰富多样的教学情境，涵盖历史情境、社会情境、自然情境、生活情境等，这些情境不仅使教学内容中的知识和情感得以生动展现，更使原本枯燥、抽象的理论变得形象、有趣，从而有效激发大学生的意义建构。

从与教育资源相互作用的角度来看，新媒体技术的运用为实现学习个性化提供了有力保障。教育资源海量且免费，易于获取；学习软件种类繁多，为大学生提供了丰富的学习工具；各种学习互助小组、讨论小组、知识搜索引擎等更是为大学生个性化学习提供了无限可能。借助信息技术的便利，课程内容可以呈现网状开放结构，多途径发散，更新迅速，为学生量身定制，极易唤起学生的学习兴趣。同时，课程实施也拥有了多种学习路径，过程可监控记录，并拥有大批助学工具。无限的网络空间更是一个适合于个性化学习的好场所：教学时空高度弹性，教学资源丰富多样，电子化手段提供了诸多个性化的辅学工具。虚拟数字化环境为学生提供了开展个性化学习所不可或缺的发挥空间，每位学生都可以根据自身特点，随时从网上自由选取合适的学习资源，以个性化的方式学习。

(3)混合式。混合式学习作为教育领域的一种创新实践，其本质在于将数字化学习与传统的面对面学习模式进行有机融合。这一模式不仅强调教师在教育过程中的主导地位，要求教师在教育引导、启发思考及监督反馈等方面发挥关键作用，同时也高度重视学生在学习活动中的主体性，鼓励大学生在学习过程中展现出高度的主动性、积极性与创造性。混合式学习模式的核心价值在于，它打破了传统教育模式的单一性，为教师与学生提供了更为灵活多样的互动平台，促进了教育内容与形式的深度整合。

在混合式教学模式的框架下，新媒体技术的应用并非强制性的，而是应作为一种辅助工具，根据教育教学的实际需求灵活选用。这意味着，教师在设计课程与教学活动时,需充分考虑教育内容、教育目标以及教育对象的特性,从而选择最为适宜的课堂组织形式与活动形式。例如,在某些理论性较强的思想政治课程中,教师可以利用新媒体技术构建虚拟实验室或模拟情境,帮助学生更好地理解抽象概念;而在需要深度交流与情感共鸣的环节中,则可通过面对面的互动,增强学生的参与感与归属感。

混合式教学模式并非对某一教育方式的简单替代,而是倡导各种教育方式之间的互补与融合。在实践中,教师应秉持开放包容的心态,积极探索并实践不同教育方式的组合与优化,以期达到最佳的教育效果。这一过程不仅要求教师具备深厚的专业素养与教育智慧,还需具备对新媒体技术的敏锐洞察力与熟练运用能力。

从更深层次来看,混合式教学模式的推广与实践,不仅是高校思政教育路径拓展的一种重要尝试,更是对传统教育模式的一次深刻反思与革新。它要求我们在教育实践中,既要坚持教育的基本规律与原则,又要勇于创新,敢于尝试新的教育理念与技术手段,以期在保持教育本质的同时,不断提升教育的质量与效率。因此,混合式教学模式的实践与探索,对于推动高校思政教育的现代化、科学化与人性化发展,具有深远的意义与价值。

3.教育方法:情境教育法、泛在教育法与自我教育法

(1)情境教育法。情境教育法是以现代教育学、心理学以及方法论为指导,教师根据教学内容、教学目标、学生的认知水平和心理特征,有目的地引入,创设教学场景,构建具有情绪色彩、生动具体的场景,使师生设身处地,实现认知与情感,形象思维与抽象思维、教与学巧妙有机结合,培养学生积极的态度体验,实现知识构建,激发其学习动机的教学方法。

情境教育法是需要教师为大学生主动创设的,创设学习情境的目的是给学生提供解决问题的尽可能真实的背景,使得教科书上的知识内容转化为现实的情境。高校思政教育不仅是理论性,同时也是实践性、生活性的。高校思政教育原本就是生活的一部分,具有强烈的生活气息,因此,以大学生日常生活为支点,创设教育情境,使思政教育回归生活。

学习内容被嵌在运用该知识的情境中时,有意义的学习才有可能发生,

所获得的知识才最真实、最容易被理解和掌握。新媒体通过虚拟现实技术能够再现现实的社会关系场景或历史的社会关系场景，虚拟现实技术具有模拟性、超时空性、仿真性，它能够突破时间与空间的限制，能够模拟、仿真、重构出同现实存在高度一致的场景。这就意味着，虚拟现实技术不仅能够再现历史场景，还能模拟未来，并将其中错综复杂的社会关系作为一种“真实”的存在呈现在现实中。大学生置身于虚拟现实技术创设的“真实”环境中，进行沉浸式的体验，引发大学生的情感认同和价值观的引导。

(2)泛在教育法。新媒体已经融入当代人生活的方方面面，其“伴随性”的特征使得在高校思政教育中开展“泛在教育”成为可能。泛在教育是基于“泛在学习”理论之上的。泛在学习是基于泛在计算和泛在网络这一系列硬件基础条件之上构筑的新型学习模式，是指通过借助泛在计算以及泛在网络平台，将学习交织在日常生活中，学生能通过对周围环境信息和工具设备信息的收集，为其提供与情境相关的学习活动和内容。新媒体具有移动性、即时性、可获取性、情境性特征与泛在学习有着非常好的契合性，高校通过新媒体实现高校思政教育的泛在性成为可能。

泛在学习中，教师要为大学生提供泛在性学习环境，使大学生可以根据自身的学习需要，在任何地方、任何时间都可以获得持续性的学习支持。这要求教师不要把思政教育局限在课堂，而是要放到一个更大的、无所不在的环境中。以往高校思政教育的资源非常有限，学习工具和学习方式也较为单一。新媒体环境下，教师可以通过创办自己的新媒体平台，为大学生建设易获取的学习资源。发生泛在学习的另一个特点是交互性，实现高校思政教育的交互性是指大学生通过利用微信、微博等新媒体平台与教师、学习同伴进行同步或异步的学习共享交流或学习协作。大学生通过各种信息技术随时随地地向教师、学习同伴提问并获得帮助，实现了以自我学习需求为导向的学习过程。

新媒体以自身复合型的技术特征，实现了高校思政教育的泛在性。在新媒体环境下，学生意识不到学习的发生，却实现了学习的行为与过程。高校思政教育要实现支持这种泛在学习的无缝学习空间的目标，应积极坚持开放、包容的理念，使学习资源从目前单向、静态、固化的模式走向内容的开放、协作、共创模式。

(3)自我教育法。自我教育是大学生在校园学习生活中必须建立起来的一种学习习惯或学习心理。自我教育是在自我意识的基础上自己教育自己。具体来说,自我教育就是主动的,发自内心地以社会规范和自身发展需要为依据,以促进自我发展为目标。通过自我认识、自我学习、自我反思来促进自己身心发展的数字教育活动。自我教育增强了个体的自主管理能力,促进了个体对自己的认知以及对他人、对社会、对人与人关系的认知。高校思政教育中的自我教育法是通过人们自身思想的矛盾运动进行的,也是人们自觉接受先进思想和正确行为,克服错误思想和不良行为,促使自觉的政治倾向和思想品德向良好的方向转化、发展。教育主体与教育客体的直接统一是自我教育的本质特征,自我意识是自我教育的前提和关键。自我教育不仅受自身学习动机、学习目标、学习策略的影响,同时也受对外界学习环境、学习内容、学习渠道的选择和控制的影响。

新媒体环境下的自主式的学习方式是指在教师的指导下,大学生通过独立的分析、探索、实践、质疑、创造等学习方式进行的学习活动,目的在于培养学生在学习过程中养成独立思考、独立判断的能力,其特点在于能够充分发挥大学生的主体作用,使大学生能够积极主动地学习新知识、新技能、培养解决问题的能力;同时教师作为指导者和帮助者,运用适当的策略和资源来促进大学生的自主学习。新媒体中的海量信息资源、开放共享的信息交流氛围使得很多具有相同学习兴趣和学习目标的人聚集在一起,形成以学习交流为目的的虚拟学习社区。在这里,学生可以释放个性、表达自我、分享知识与经验、讨论话题、探究真理,使传统课堂的被动学习转变为主动学习。但是。新媒体环境中也对大学生自主学习具有正面的影响,教师不仅要发扬积极影响,同时也要对大学生的自主学习给予正确的指导。

(二)拓展教育实践活动路径

如今,新媒体已经成为校园开展教育实践活动,传播文化的新渠道、新平台,它营造了一个跨地域、跨国界的信息传播空间,与传统媒体相比,新媒体的信息来源、传播方式都更为广泛,信息传播形式更加生动、多样。

1.教育方式:交互式、协作式与共享式

(1)交互式。在互联网信息技术飞速发展的情况下,交互式学习成为一种重要的信息技术教学手段。高速发展的电子科技和新媒体交互促使了交互式学习的产生。

交互式学习也是当代大学生喜欢的一种学习方式,它通过数字技术和互联网技术,借助新媒体平台实现师生之间的多维互动。交互式学习将平等、交流、互助等社交技能引入到教学过程,在此过程中,学生借助一定的网络交互平台,分工协作,各司其职,互帮互助,发挥集体协同效应,共同完成任务。交互式学习最大的特点在于把学习过程看作是交往过程,师生在交互式学习中都处于平等的合作关系,有利于发挥大学生的主体作用和能动性,诱发深层次、隐蔽性的学习兴趣,有利于大学生在创设的时空里更自由地发挥和主动地学习,有利于培养大学生开放性思维。

交互式的学习方式改变了传统思政教育师生之间的对话方式,增强了教师与学生、学生与学生之间的沟通与交流。思政教育中的对话方法是教师与学生之间,学生相互之间基于对话意识和对话精神而建立起的一种思想交流方式。交互式的学习方式通过交流与合作促进对话产生,提高了思政教育主体的对话能力、增强了思政教育客体的对话意识,引导大学生树立正确的价值观念、道德准则和行为规范。

(2)协作式。协作式教学,要求为多个学生提供对同一问题用多种不同观点进行观察比较和分析综合的机会,以便集思广益。这不仅对问题的深化理解和知识的掌握运用大有裨益,而且对高级认知能力的发展、合作精神的培养和良好人际关系的形成也有明显的促进作用。融入新媒体的协作式教学设计,不仅包括了学生之间的协作,也包括了教育资源之间的互助共享。教师应根据教学需要以及学生个体发展需要来确定协作学习的系统目标,由于并非所有的教育内容都适合于协作学习,教师也应将学习模式与协作教学模式相结合。教师应认真分析协作学习任务,根据学习任务和学生自身兴趣进行学习小组的划分与任务的分配。由于新媒体的特性,这种协作不仅仅是学生与学生之间、学生与教师之间,也包括教师之间和更大范围内人们的交流与协作。协作式教学强调通过新媒体平台来支持学生与其学习伙伴的交互活动，在协作过程中共同完成学习任务。它可以激发学生的学习动机，培养学生形成良好的学习态度，协作精神、良好的人际交往能力和心理素质，培养发散性思维和批判性思维。

（3）共享式。共享从字面上的解释为共同享有或分享，它既是一种理念，也是一种行为。共享式教育强调在"优"的前提下的共同享有或分享，体现的是"优化"思想。共享式学习是学习共同体成员之间分享教育资源、交流知识、能力、观点或创新思维的过程，体现的是一种互利、合作、共赢的关系。

共享式的学习，一方面，需要高校能提供优质的共享教育资源，因为人的成长与发展总是要借助于一定的教育资源，无论从教师的角度还是学生的角度，都希望在其成长与发展的过程中能够获得充足的、适宜的、优质的教育资源，为其工作、学习和成长提供良好的发展条件。另一方面，需要学习共同体成员之间以开放的心态分享自己的学习观点与知识。共享学习的过程也是思政教育内容内化与外化相统一的过程，共享的前提是要有可以分享的成果，要有可以分享的成果需要大学生有自己对知识的思考、凝练和创造，这个过程是大学生与知识的相互作用，而逐渐建构起的属于自己的内部认知的过程；而分享的过程就是学生与学生之间的互动过程，互动不可避免地需要表达和表现，这个过程不仅是个体心理内化的过程，也是一个与人交流分享的过程，是一个意见交流、观点印证、实践运用的过程。

现代科学技术尤其是网络技术，以其特有的即时性、交互性、开放性、共享性、伴随性、易获取性等特征，为共享式学习提供了技术上的支持。在优质教育资源共享方面，使同一高校内部、不同高校之间、高校与其他机构之间、不同区域乃至全世界范围内的人们有了共同享用优质教育资源的可能。如各种信息资源的共享、电子平台的共建共用、学科专业的合作共建、网络精品课程的共享、名师交流、课程互选、学分互认等。学习共同体之间的学习共享表现在，同步分享或异步分享。同步分享指在教师或学习组织者的组织下，在同一时间、通过同一平台，就同一话题进行交流与分享。异步分享指通过博客、微博、微信等把自己的学习见解共享发布，使有同样学习范畴或有相同兴趣的学生参与讨论。

2. 教育方法：渗透教育法、隐性教育法与疏导教育法

（1）渗透教育法。渗透教育法是一种潜在的渗透式的教育方法，教师通过运用科学的方法，通过一定的载体，将教育的目标、内容、功能等渗透到高校思政教育活动过程中。渗透教育法是一种潜在的教化，是一种寓教于情、寓情于理的生活化教育。运用渗透教育法，要柔化现实中的思政教育。通过积极运用新媒体，从大学生对知识信息的需求出发，以生动形象的具体事例来代替枯燥呆板的说教，用生动、鲜活的内容来说明、印证抽象的理论，使理论与实际相结合。当前，虚拟社区已经融入大学生学习、生活的方方面面，思想政治教师应充分利用这些新媒体的载体功能，以互动式、引导式、间接式的方式开展线上的思政教育工作，将思政教育的政治性、思想性、理论性与新媒体的生活化、大众化、娱乐化的特性紧密结合。

（2）隐性教育法。隐性思政教育方法是指在高校思政教育实施过程中，教师将教育的意向、内容、目的隐藏到大学生周围的生活环境和特定形式的活动中，比如采用比较含蓄、隐蔽的形式，利用隐性的教育资源，像文化、制度、管理等，使大学生在“思想政治理论课”教育之外，潜移默化的、不知不觉地方式接受教育，以提高大学生思想道德素质的教育方法。隐性思政教育是一种跨时空的非封闭式的教育，是一种全方位的、多层次的、隐蔽的、间接式的自主性教育方法。隐性教育法的运用需要教师将教育的内容隐藏在或渗透附着在具体的环境、文化或活动等载体上，而新媒体自身的这种虚拟性与公开性、广泛性与针对性、多媒性与自主性都成为运用大学生隐性思政教育方法的最佳载体。新媒体避免了传统僵硬的灌输教育方法，隐性教育法在新媒体的作用下把价值理念附着在新媒体环境中，它可以是文字、图片、声音，也可以是动画、视频、游戏，通过激发大学生的兴趣，引导大学生进入到思政教育的氛围，不知不觉地接受思政教育，从而实现思政教育的目标。

（3）疏导教育法。疏导教育法是思政教育广泛而经常使用的方法，也是思政教育的主要方法，他强调通过多种途径对教育对象进行思想的疏通和引导。由于思政教育是解决人们的思想认识问题，疏导教育法是以正确处理人民内部矛盾的理论为依据，因此疏导教育法符合人们的思想发展规律。

疏导教育法在高校思政教育中的运用,主要是为了启迪思想,提高觉悟,扫除思想方面的误区和障碍,树立正确的思想价值观念并最终促进大学生的全面发展。疏导教育法在高校思政教育实施的具体形式有分导、领导和引导。新媒体技术下,疏导教育法的运用主要体现在两点:一是基于新媒体信息传播的开放性、互动性、即时性与广泛性,教师以新媒体为载体实现快速高效地解决现实生活中大学生的思想问题;二是由于新媒体自身也是一种信息发布和交流的渠道,因此针对新媒体中的突发事件或舆情,思想政治教师也要给予及时的疏导教育。

(三)拓展教育管理路径

1.教育管理途径:校园网、教育管理系统与教育应用软件

信息化是衡量高校现代化程度和综合实力的重要标志,是实现高校跨越式发展,推动高等教育大众化、建设学习型社会,构建终身教育体系的重要途径。

校园网是校园内,以计算机、互联网络、软件等系统集成,为教育教学和管理服务的应用系统,并通过与广域网连接,实现远距离的信息技术交流,资源共享和开展远程教育。校园网的建设为学校的教学、宣传、办公管理、科研等各个方面提供了全面的技术支持,是实现网络教学、办公自动化、信息管理查询等内容实施的基础。

教育管理系统与教育应用软件属于校园网建设中的软件基础建设。构建完善的校园思政教育管理教育,要从四个方面进行:①完善校园网络安全体系,加强组织体系和管理制度的建设,提高校园网络信息安全技术,构筑网络安全的“防火墙”。②汇集校内资源并通过互联网实现与其他校外资源的对接与共享,丰富高校思政教育资源。③加强校园官方网站的建立,并建设高校思政教育主体网站,并开展高校思政教育主题活动,构筑大学生获取信息资源、交流思想、获取服务的主流网络平台。④充分掌握校园内外热点事件以及校园网动态,积极整合学校报刊、广播、电视等各种传统媒体资源、丰富网上宣传内容,形成网上宣传合力以及正面舆论强势。

2.教育管理方式:信息化管理、数据化管理与协同管理

依托于新媒体强大的复合型技术特征,高校思政教育管理方式逐渐转变为信息化、数据化、各部门协同管理的模式。高校思政教育管理,通过新媒体的数据管理和信息处理功能来支持高校思政教育管理的职能,帮助教师监督、协调、指导和评价各项教育工作,并为之提供有效的管理决策信息。通过新媒体的数据管理和信息处理功能,高校思政教育管理可以支持大学生日常事务性管理,比如大学生党团工作管理系统、上课签到、作业批改等应用软件,微信、微博、订阅号等多样化的新媒体平台。通过这些功能强大的学生事务性信息管理平台或专业的应用软件,实现对大学生的思政教育事务性管理。不同的平台和应用软件对大学生的管理定位、分工、侧重各有不同,彼此之间可以相互补充、相互协调。

随着高校思政教育管理信息化的加强,除了学校自身的信息化管理以外,各个省、市以及地方高校都会产生信息化管理的数据信息。这些数据信息会变成一种数据资源,各个学校之间信息共享,数据交换也会越来越频繁。因此,新媒体技术下的高校思政教育管理与传统的思政教育管理不同,在信息技术和大数据支持下,高校思政教育管理将更为科学、细分、精准,通过对高校思政教育数据的分析更可以推测和预判大学生思想的发展动态。比如,大学生交流使用的校园网络平台所产生的生活信息,学习浏览信息、考务信息等,通过对数据的分析,就能掌握大学生的思想状况、行为动向、热点关注、情感走向,包含着大学生心理及行为规律等。另外,学校其他管理部门的信息化管理,也会产生大量的数据信息,这就需要各个部门之间的数据共享,以实现高校思政教育其他管理部门的协同管理。

3.教育管理方法:柔性管理法与刚性管理法

(1)柔性管理法。柔性管理是思想政治教师在研究大学生心理和行为规律的基础上,采用教育、激励、引导、暗示等非硬性的工作方式,在大学生心目中产生一种潜在的说服力,充分调动学生的自我管理、自我约束的积极性,使其自觉地接受外部规范化的约束管理,以达到预期管理目标的工作方法。柔性管理的主要目的在于增强管理者对各种变化情况的适应能力，突出了适应变化、快速反应、及时变革、灵活应对的理念，强调管理者与被管理者的积极互动。在新媒体技术下的高校思政教育柔性管理将更加符合柔性管理的核心“以学生为本”。新媒体环境下多元文化以多种形式表现，开放环境赋予了大学生更多的话语表达权，教师要通过柔性的管理方法在充分尊重大学生个性发展的前提下，构建新媒体文化宣传阵地，倡导主旋律，宣扬主流价值与伦理，通过引导、疏导等普及伦理道德和科学知识进行管理。此外，还要通过即时通信工具加强与大学生之间的交流，实现师生之间的平等对话，增进师生之间的情感，通过师德、师爱去教育和影响学生。

（2）刚性管理法。刚性管理是以规章制度为核心的理性管理，是站在管理者的角度，预设出一种最优化的工作模式，进而通过制度约束、纪律监督、奖惩规则等手段使工作标准化、管理程序化的一种理想化状态。因此，刚性管理是以管理者为中心，依靠严格的控制、高度的集权以及规章制度为核心的管理方法。

新媒体技术下的高校思政教育刚性的管理方法包括两方面：①通过规章制度、法律来进行严格的管理，通过具体的规定、条文、标准、纪律形式进行外在的监督与控制，具有很强的导向性、控制性，其约束力是明确的。②通过技术手段，将一些主要用于互联网的网络安全技术应用到校园网的管理中。像保障校园网络系统安全运行，防止非法入侵或数据被窃取或篡改的网络监控技术、病毒防护技术、入侵检测技术、安全扫描技术等。

大学生正处在一个成长的关键时期，判断力、自控力、自律性都比较差，在自我发展过程中常表现出强烈的自我矛盾倾向。刚性管理强调以外在的规范为主，目的不是为了惩罚学生，而是在“法理”的前提下，达到正确规范学生、约束学生的行为，进而维护新媒体使用秩序。一方面，积极地构建新媒体舆情动态管理机制。对于通过新媒体发表不良言论，肆意造谣、恶意煽动等做出不负责任行为的大学生一定要通过相关的校规校纪严肃处理；另一方面，提高对新媒体中各种信息真伪的判断力，对微信、微博、校园论坛等平台的信息管理应加强筛选和管理，抓好信息源头，对散布不良信息、煽动造谣者严肃处理，从而净化新媒体舆论环境。

四、利用新媒体技术完善高校思政教育的合力

(一)形成与传统媒体相融合的载体合力

在当代高校思政教育中,构建与传统媒体相融合的多元载体合力已经成为必然选择。为了更有效地提升思政教育的影响力与实效性,需要从多个方面进行载体整合与协同,形成以新媒体为核心的多维互动体系。实现载体合力的路径主要体现在以下方面:

第一,以课程载体为中心,推动课程载体与新媒体平台的有机融合。通过充分利用网络课程、在线讨论、数字教材等形式,将新媒体技术嵌入课程教学的各个环节,增强课程的互动性和趣味性,从而激发大学生的学习兴趣,使思想政治理论教育更加贴近学生的学习生活。

第二,以物质载体和管理载体为支撑,提升新媒体在高校思政教育中的作用。物质载体包括校园基础设施、教学资源等,而制度和管理载体则涉及高校的规章制度和行政管理体系。在此基础上,利用新媒体技术手段,将物质和管理载体转化为符合大学生兴趣的形式,通过社交媒体、校园应用程序等平台增强学生的参与感和归属感,提升思政教育的渗透力和感染力。

第三,以校园文化和社团活动载体为重要环境,促进大学生人文精神的培养与提升。新媒体时代的校园文化与社团活动能够通过前期的宣传、活动过程中的互动以及后期的回顾与总结,全方位地发挥新媒体的优势。例如,通过社交平台的即时互动功能,能够更好地促进学生参与文化活动、社团交流等,并通过实时反馈优化活动效果。新媒体为高校校园文化建设提供了更广泛的传播途径和更有效的沟通手段,营造了积极向上、健康和谐的校园氛围,有助于促进大学生人文素质的全面提升。

在这一背景下,高校思政教育必须借助新媒体技术与传统载体相结合的方式,构建多维度、多层次的教育体系,增强思政教育的针对性和实效性,实现全方位的育人目标。

(二)形成凝聚引导校园文化合力

校园文化是高校广大师生员工在长期的教育教学实践过程中创造形成

的，反映师生共同追求、价值观念、行为准则、道德规范、生活方式等的总和。校园文化是学校办学理念、办学风格、办学特色以及人文精神的综合体现。校园文化一般包含三方面的内容：物质文化、制度文化和精神文化，其中精神文化是校园的核心和灵魂。

新媒体对校园文化带来非常大的影响，具体包括：①校园新媒体本身就属于校园文化范畴，它与校报、校刊、校园广播一样，在承载、传播、引领校园文化信息的同时，自身也是校园文化的重要组成部分。②新媒体为校园文化的建设提供了大量丰富的文化资源，它拓展了校园文化的建设空间，它打破了传统媒体在时间和空间上的藩篱，具有信息传送快、信息形式多样、信息量大、覆盖面广和交互性强的优势。③新媒体为校园文化建设提供了一种全新的媒介环境，在技术的支持下，新媒体强大的交互性增强了教师与学生参与校园文化建设的自主性和积极性。参与校园文化的建设可以陶冶情操、促进身心健康发展，规范言行，培养集体意识和协作精神，使大学生更加爱校有护校的意识。

新媒体应该结合自身的优势，结合传统媒体与其他新媒体平台，形成校园文化建设合力。传统媒体在校园文化建设方面具有导向鲜明、公信力强、经验丰富的优势，而新媒体具有即时性强、移动性强、互动性高、融合性大的特点。因此，将新媒体与传统媒体相结合，一定要在运用发挥传统媒体优势的基础上，融入新媒体优势特点，使新媒体的优势能够弥补传统媒体的不足，使二者都能够各自发挥所长。建立渠道密布、受众群体稳定的新媒体主体，通过不断加强和改进大学生思想引领的信息化、数字化、网络化和多渠道建设，形成新媒体联盟，扩大新媒体主渠道的影响力，这样在处理一些突发事件时，能迅速形成联盟。

（三）形成与社会、学校、家庭间沟通合力

家校沟通是学校教育是联通家庭教育、社会教育的主要途径，有效的家校沟通，可以成功地调动家庭教育、学校教育形成有效合力。学校是开展高校思政教育的主阵地，传统家、校之间的联系一般会通过家长会、家访、电话等。新媒体技术下的家校沟通应加强交流互动、整合信息资源、提升传播合

力,向家长展示学校近期动态。新媒体环境下,学校要努力开拓家校之间沟通的新渠道,通过即时通信工具与家长建立直接沟通的渠道;通过视频、校园微信公众号、微博向家长展示学校的活动内容,建立校、家之间的辅助沟通渠道。新媒体技术下的家校互动,可以实现家校沟通的跨时空性,促进家校双方交流互动的便捷性与有效性。多样的互动形式使教师与家长之间的选择灵活多样,通过新媒体可以进行深度的交流。

高校可以通过新媒体建立"高校家校互动"平台,平台设置的内容应包含:①学生、家长、教师三方的基本信息。学生信息包括姓名、学号、班级、院系、手机号。家长信息包括家长姓名、手机号、家庭联系方式、孩子姓名、学号。教师基本信息应包括教师姓名、教师工号、所在院系、手机号码等。②日常教育教学活动安排通知,包括节假日的起始与结束的时间、日常课程的安排、学校集体活动的安排、学生课程的安排等信息。③沟通交流的版块,在此版块中教师、学生、家长之间可以进行随时的互动交流、意见反馈,相互通知学生学习相关信息。

基于新媒体作为主要沟通载体,并结合传统的家校沟通方式的现状,家校合作已成为现代教育信息化发展的必然趋势。这一趋势不仅顺应了时代潮流,也极大地提升了家校沟通的效率与灵活性。在这一背景下,家校沟通平台的有效建立,必须依靠学校教师与家长的共同努力。双方通过积极、频繁的互动与沟通,才能真正实现有效的信息交流。家校沟通不应是教师单方面地向家长发送信息,而是应当形成双向的反馈机制,以确保家长能够及时回应,表达对学生情况的关注和反馈。只有通过双方的共同努力,才能构建真正畅通、双向互动的家校沟通机制,使得沟通内容能够及时传达并得到回应,从而促进学生的全面发展。

五、利用新媒体技术建设高校思政教育的保障

(一)加强新媒体物质保障,完善校园网络建设

新媒体运用的普及离不开现代信息技术、互联网技术以及移动通信技术的发展,在多种技术的支持下,新媒体使用的范围、可实现的功能越来越

多，越来越强大，各种教育应用程序为获取教育资源带来了更多的便利，大学生通过电脑、手机接收在线学习成为普遍现象，这些智能设备以及应用程序的顺利使用，需要从技术与资金等物质层面进行保障。

1.完善高校信息化基础设施建设

（1）为广大师生提供高性能、覆盖范围广且访问流畅的校园无线网络，使师生能够在校内各个区域自由接入互联网资源，畅享高效的学习与教学环境。高质量的网络服务是新媒体技术得以在高校思政教育中有效应用的基础保障。

（2）搭建科学合理的网络架构，以确保校园网络具备足够的带宽和处理大数据的能力。这不仅有助于提高信息传输的效率，还能为大规模、多样化的新媒体平台提供稳定的技术支撑，使其在高校思政教育中的运作更加流畅。

（3）实现无线网络与有线网络的有机融合，构建统一管理的网络生态系统。通过这一整合，能够对校园内所有用户的网络行为进行有效管理，形成一个稳定、可扩展、易于维护的校园新媒体环境。这一系统将为思政教育提供稳定的技术支持，推动教育内容的多样化呈现。

（4）为确保校园网的安全，必须通过多种技术手段进行全方位保障。例如，可以通过物理地址（MAC）过滤技术、有线等效加密（WEP）协议等技术，确保校园网络的安全性。网络安全是信息化建设的重要环节，它不仅直接关系到师生的隐私与信息安全，也影响着思政教育内容的顺利传播与有效实施。通过安全、可靠的网络环境，能够保障新媒体技术在思政教育中发挥其应有的作用，为高校师生提供更为优质的教育体验。

2.增加资金投入

加大资金投入不仅是提升高校信息化基础设施建设的必要手段，也是确保高校能够充分运用新媒体技术开展高效、创新思政教育活动的关键因素。充足的资金支持是新媒体思政教育体系得以顺利实施的重要保障，同时也是促进相关教育内容多样化、现代化的根本动力。

（1）设立专门用于新媒体高校思政教育的专项基金。该基金可以通过高校自身的财政拨款、申请当地政府的专项财政支持、社会资金筹集等多种渠道获取。专项基金应严格遵循“专款专用”的原则，集中用于推动新媒体技术在思政教育领域的应用与发展，包括思政教育相关的新媒体技术研发、科学研究、人才培养及物资保障等方面的投入。此外，该基金也可以用于奖励在新媒体思政教育领域有突出贡献的科研人员和教师，以激励更多的人才投身这一领域，推动思政教育的创新性发展。

(2)建立完善的资金管理制度，确保资金使用的合理性和规范性。严格的资金管理不仅有助于提高资金的使用效率，还能有效避免资金滥用和浪费的现象，确保每一笔资金都能够最大限度地发挥其作用。通过科学的资金管理，能够为高校新媒体思政教育工作的长期、稳定开展提供强有力的资金支持，使得思政教育的实施更具持续性和可行性。同时，还应定期对资金的使用情况进行审计和监督，确保其透明度和合规性，以增强资金管理的公信力。

(二)加强大学生新媒体素养，提高新媒体运用

新媒体已经被广泛地运用于大学生学习生活的方方面面，但媒体素养教育在高校思政教育中并没有受到重视和广泛地开展。媒体素养就是指人们对各种媒体中的各种各样信息的选择能力、理解能力、评估能力、创造能力、批判能力、生产能力等。媒体素养包含四个维度：对媒体的识别和理解能力、对媒体信息的判断和质疑能力、参与和使用媒体的能力、对媒体技术的创造和传播能力。对大学生开展媒介素养教育，既是大学生自身发展的内在需要，也是高校思政教育的必做之事。

当前，大学生在面对新媒体时，通常表现出较为良好的识别与理解能力，并能够较为熟练地掌握和应用新媒体技术。然而，大学生在新媒体信息的判断力和质疑能力方面仍然存在较大不足。这种现象表明，大学生虽然能够顺畅使用新媒体工具，但在面对复杂多样的信息时，缺乏必要的批判性思维能力，难以对信息的真实性和可靠性做出准确评估。因此，提升大学生的新媒体素养已成为高校教育的一个重要议题，具体应从以下方面着手：

第一，系统性地开设媒介素养教育课程。媒介素养教育的实施可以通过专门的课程进行，也可以将其有机融入高校的思政教育体系中。专门的

媒介素养课程能够帮助学生全面掌握新媒体的基本知识、操作技能及其运作原理，从而提升其对新媒体的整体认知。而将媒介素养教育渗透于思政教育课程中，则能够将其与价值观教育、道德教育相结合，帮助学生从更高的视角理解和运用新媒体，在社会责任感和道德约束力的框架内进行信息交互。

第二，着力提高大学生在使用新媒体时的自我管理和自我约束能力。这不仅关乎新媒体使用习惯的培养，还涉及学生对自身行为的深层次认识和控制。通过教育引导，帮助大学生树立健康、积极地使用新媒体的习惯，避免沉迷于虚拟世界或过度依赖新媒体。同时，这一过程还应包括对新媒体的基本运作规范、操作方法及其伦理道德框架的掌握，促使大学生在使用新媒体时，能够自觉遵守社会伦理与法律底线，形成负责任的媒体使用态度。

第三，培养大学生对新媒体信息的甄别能力。新媒体平台上的信息内容良莠不齐，真假难辨，特别是在当前信息爆炸的时代，培养大学生以正确的价值观为导向，对媒介信息进行客观、理性的分析的能力尤为重要。大学生应具备独立分析、思考相关信息内容的能力，并通过批判性思维对所接收的信息进行过滤和判断。这不仅要求学生能够识别虚假信息，还要求其能够运用逻辑推理与科学方法，审慎对待新媒体信息，最终达到理性接收信息并加以有效应用的目的。

通过以上措施，能够有效提升大学生的新媒体素养，使其在应对复杂多变的媒介环境时，不仅能够掌握技术层面的技能，更能够具备应对信息挑战的能力和成熟的价值判断力。

(三)加强组织保障，完善相关制度建设

新媒体为高校思政教育工作的开展提供了难得的机会，同时也为高校思政教育工作的开展带来了一些冲击。因此，要加强高校对新媒体的组织保障，完善相关制度建设。

1.完善校内党管新媒体制度

新媒体技术在高校的新闻宣传和舆论引导方面发挥着日益重要的作用，成为高校信息公开、服务师生、引导校园舆论、塑造校园形象、营造校园

文化的核心工具之一。为有效利用新媒体,高校各级党组织应严格遵循党管媒体的原则,积极适应互联网技术的快速发展,及时掌握和调整新媒体舆论引导的主动权,确保党管媒体工作与时俱进。通过提升党组织对新媒体的掌控力,能够有效防止不当信息传播,维护校园舆论的正确导向。

2.建立实行新媒体分级审批管理制度

鉴于新媒体包括多种自媒体平台,学校应建立严格的审批和管理制度,以确保校园新媒体的规范运行。

(1)禁止任何个人未经学校审批,擅自以学校、所属部门、组织或某项工作的名义开设新媒体平台。此举旨在防范不当信息的发布和传播,维护学校的形象与声誉。

(2)鉴于新媒体平台种类繁多、涵盖面广,高校各部门和院系需要根据自身的职能进行分级管理。学校的官方新媒体平台应作为一级管理平台,由校党委宣传部统一负责,确保全校范围内的新媒体运营保持一致的宣传口径和舆论引导方向;各学院和职能部门设立的新媒体平台则为二级管理平台,由各自部门负责管理和监督,以保障其内容符合学校整体的宣传战略;三级平台包括学校团组织、学生社团以及各班级设立的新媒体平台,其管理责任应由校团委或所在学院承担,确保这些平台内容的健康发展与规范化运行。通过分级管理制度,高校能够构建完善的新媒体管理体系,确保不同层级新媒体平台在各自领域内发挥积极的作用,同时有效防范信息失控的风险。这种系统化的管理和监督机制,有助于高校更好地利用新媒体技术推进思政教育,提升校园舆论引导能力,确保在新时代背景下,校园文化和价值观建设的方向不偏离正轨。

3.加强新媒体信息安全管理

(1)加强对新媒体应用的研究与应对措施。新媒体环境下的信息流动速度快、覆盖面广,高校应高度重视新媒体应用的研究,尤其是在校园网、主流社交平台、微博、微信等客户端中对师生的言论和信息传播动态的监管。通过深入分析师生在新媒体平台上的使用习惯和关注热点,学校能够及时掌握校园舆情,预判和识别可能引发较大社会影响的敏感问题。对于涉及社会热点或校园内外重大事件的讨论，学校要及时进行准确的正面引导，迅速澄清谣言，防止误导信息扩散。同时，通过加强舆论引导能力，确保主流价值观在信息传播中的主导地位，有效提高思政教育的实效性。

(2)实施校园网实名登记制度。为强化信息安全管理，校园网应实施实名登记制度。这不仅有助于信息发布者进行溯源，提高信息安全和内容监管能力，还可以通过收集和分析大数据，更好地了解师生的思想动态和需求，提升思想政治工作的针对性和精准性。实名登记制度的实行能够增强信息的透明度，有效遏制虚假信息和不当言论的传播，并为学校提供可靠的数据信息支持，促进校园网的有序管理与使用。与此同时，学校也可以通过数据分析，动态监测新媒体舆情的变化趋势，及时调整相关政策和教育措施，以更好地服务师生的需求。

(3)主动构建新媒体联盟，增强校际联动与合作。为了进一步提升新媒体信息安全管理的效果，高校应主动与其他学校的新媒体平台建立合作关系，形成新媒体联盟。通过整合各校新媒体宣传平台，学校之间可以在思政教育、文化宣传、舆论引导等方面开展更广泛的交流与合作。新媒体联盟的建立，有助于增强校际的互联互动，拓宽主流声音和先进文化的传播渠道，营造积极向上的网络环境。此外，校际的合作还能够共同应对突发舆情事件，形成联动模式，在更大范围内发挥思政教育的正向引导作用，从而更好地提升高校舆论工作的整体水平和影响力。

通过强化新媒体信息安全管理，高校能够构建安全、健康、有序的新媒体环境，确保思政教育工作在信息化时代的有效开展，同时也为高校培育良好校园舆论氛围和积极向上的精神文化提供强有力的保障。

第三节 结合网络热点话题进行思政教育

随着互联网的高速发展，社会现象突破了时间和空间的局限性，一旦满足了社会舆情的共鸣条件，马上就能引发全网围观参与，形成网络热点话题。而在网民群体中，大学生占据了相当大的比例，也是网民中对社会热点话题反应最为活跃、参与最为积极的群体。大学生思想政治工作能够教育引导大学生思想导向，要充分遵循教育引导的原则，因事而化、因时而进、因势而新，避免或减少网络热点话题对大学生思想观念的消极影响，利用网络热点话题的正能量鼓舞学生、影响学生。

一、网络热点话题的特征

网络热点话题作为现代社会公共舆论的重要载体，通常由网络热点事件或议题所引发，其来源可以是线上发生的新闻、争议、活动，或是线下的现实事件，通过互联网的聚焦传播迅速演变为社会关注的焦点。这些话题已经成为社会热点的主要表现形式，不仅反映了公众的关切点和价值观念，也在一定程度上影响着社会舆论的走向与决策过程。网络热点话题的传播渠道依托于各类网络平台，例如微博、微信公众号、短视频平台以及新闻网站等，依靠网络的高度互联性和信息流动性，使得话题能够在短时间内以病毒式扩散方式广泛传播，迅速引发社会大众的广泛关注、讨论与参与。网络热点话题的特征具有多层次和复杂性，主要表现在以下方面：

（一）传播时效短

网络热点话题的突出特征之一便是其高度的时效性和短暂的生命周期。这类话题往往源于公众对某一事件的即时反应，随着公众兴趣的集中，短期内话题会迅速升温并成为舆论焦点。然而，网络时代信息更新速度极快，新事件和新的讨论很快就会层出不穷，使得当前的热点话题在经过一段时间的热度之后，逐渐被新的热点取而代之。这种快速替代的现象体现了信息传播的时效性与网络舆论的高流动性。虽然热点话题的热度通常具有明显的递减趋势，但其相关的讨论内容却通过网络存档长期保存在互联网上。这意味着，尽管某一热点话题随着时间的推移逐渐退出公众视野，但在特定的情境下，或随着相关事件的再度发酵，它有可能被重新提起或再度引发讨论。因此，网络热点话题虽然时效性强，但具有一定的长期潜在影响力。

（二）传受主体多元

在自媒体时代，网络热点话题的特征之一是信息传受主体的多元化。每个人都享有表达自己观点的权利，个体既是信息的传播者也是接收者。

这一特性打破了传统传播模式的局限，极大地扩大了参与讨论和表达观点的人群范围。由于社会各阶层对不同事件的关注点有所差异，网络热点话题往往会涉及社会的敏感议题，激发公众的广泛讨论和互动。尤其是在数字化时代背景下，民众作为社会的最大组成部分，具有强大的舆论引导作用，使得热点话题能够迅速引起广泛的社会关注，随着时间的推移，影响力逐步扩大。

网络热点话题的生成离不开当今信息时代的技术助推。各大社交平台和软件通过不断优化算法和内容推荐机制，努力吸引用户的注意力，甚至通过构建“信息茧房”，为用户推送符合其兴趣和立场的内容。这一机制通过吸引眼球的标题和具有煽动性的噱头，促使用户积极参与到话题讨论中。同时，网民在虚拟世界中的匿名性和平等性进一步激发了其表达欲望。网民能够自由选择感兴趣的话题进行讨论，并以平等的身份与他人交换观点和看法。这种低成本的参与方式使得人们能够更加主动地融入网络舆论场，形成广泛的公众讨论氛围。

（三）内容多样化

网络热点话题在内容上呈现出极为丰富和多样化的特征，涵盖了从经济、教育、民生到文化等多个领域，这些话题不仅涉及广泛的社会议题，还反映出民众对于现实生活中各种现象的关注与反馈。其内容既可以是中性、客观的叙述，也可能带有强烈的价值判断，呈现出正面或负面的评价。热点话题内容的多样性，使得它能够吸引不同背景、不同立场的受众群体，形成跨群体的广泛互动。此外，随着多媒体技术和传播形式的不断进步，网络热点话题的呈现方式也更加多元化。传统的文字、图片传播形式早已不能满足现代公众日益增长的信息需求，漫画、短视频、直播等新兴媒介逐渐成为引发社会广泛关注的有效工具。其中，短视频因其直观性、易于传播、趣味性和生动性，成为当前热点话题传播的主要载体。通过简洁明了的视觉内容，短视频能够迅速抓住受众的注意力，并以创意性的方式强化信息的传播效果。这种传播形式不仅使话题讨论更加生动有趣，还进一步拓宽了公众参与讨论的渠道，使得网络热点话题的影响力在更大范围内扩展。通过短视频等形式，公众的意见表达更加自由、多样化，形成了更加丰富的舆论生态。

二、网络热点话题融入高校思政教育的必要性

（一）网络热点话题下大学生价值观需要思政教育的引导

在信息化高速发展的当代社会，大学生群体虽身处知识殿堂，却因社会实践经验相对匮乏，往往对社会现实的认知呈现局限性特征。这一特性导致他们在面对纷繁复杂的网络热点话题时，易于产生片面化的见解，缺乏基于深厚社会认知与理性分析的判断力。网络空间作为信息传播的前沿阵地，其蕴含的热点话题往往能够迅速吸引大学生的注意力，并在一定程度上左右他们的思维走向。部分大学生在缺乏足够辨识能力的情况下，容易盲目跟风，成为网络舆论浪潮中的“浮萍”，这不仅可能使他们在不知不觉中成为特定利益群体操纵舆论的工具，而且一旦热点话题真相大白、舆论风向骤变，大学生先前形成的认知将遭受严重冲击，进而引发自我认同的危机，对其独立思考与批判性思维能力的培养构成阻碍。

鉴于此，思想政治教师应当敏锐地捕捉到大学生关注并参与网络热点事件的这一趋势，视之为开展深层次思想引导与价值塑造的宝贵契机。通过精心设计的思政教育活动，教师可以引导大学生深入了解国家发展现状与社会转型期的复杂背景，帮助他们建立起基于国情认知的理性分析框架，从而在面对网络热点时能够保持清醒的头脑，避免被不实信息或极端言论所误导。同时，鼓励大学生以负责任的态度和合法合规的方式参与到公共舆论的监督之中，不仅能够锻炼他们的公民责任感与参与意识，还能够促进网络空间的健康有序发展。

因此，将网络热点话题有机融入高校思政教育体系之中，不仅是对当代大学生价值观念形成过程中存在问题的有效回应，更是培养其形成科学世界观、正确人生观与高尚价值观的重要途径。通过这一融合策略，可以引导大学生在复杂多变的网络信息环境中，坚守理性与正义，成长为有担当、有智慧的新时代青年。

（二）网络热点话题是思政教育实践教学的平台

传统高校思政教育模式，尽管历经多年的改革与创新，仍旧主要依托于日常思想政治理论课的教学、大学生日常行为的规范化管理，以及丰富多彩的校园文化活动等。这些传统方式在传承与发展中确实发挥了不可小觑的作用，但亦不可避免地暴露出某些局限性，尤其是其在社会性、现实关联性及直观表现力方面的不足，成为制约教育效果进一步提升的关键因素。相比之下，网络热点话题以其独特的魅力，为高校思政教育实践提供了全新的视角与平台。这些话题根植于现实社会的广阔土壤之中，不仅具备高度的直观性与现实性，而且往往能够在短时间内迅速汇聚起公众的广泛关注，形成强大的传播效应。它们如同一面镜子，映照出社会的多元面貌与复杂矛盾，为大学生提供了一个观察世界、理解社会的独特窗口。成为网络热点话题的这一系列特性，使其自然而然地成了高校思政教育不可或缺的素材库。这些话题所蕴含的丰富教育资源，不仅有助于大学生深化对社会现象的认知，更能在潜移默化中培养他们的批判性思维与独立判断能力。通过深入挖掘网络热点话题的育人价值，并将其以大学生喜闻乐见的形式融入教育实践之中，不仅可以有效弥补传统思政教育在实践性、现实性方面的不足，更能够极大地提升思政教育的亲和力与实效性。

具体而言，教师可以围绕网络热点话题，设计一系列富有创意的教育活动，如组织专题讨论、开展案例分析、举办辩论赛等，以此激发大学生的学习兴趣与参与热情。通过这些活动，大学生不仅能够在轻松愉快的氛围中学习到知识，更能够在实践中锻炼自己的思维能力与表达能力，从而真正实现理论与实践的有机结合，为成长为具有社会责任感与使命感的新时代青年奠定坚实的基础。

三、网络热点话题融入高校思政教育的可行性

（一）大学生关注网络热点话题，为开展思政教育提供机遇

在信息化时代背景下，大学生群体作为网民结构中的核心组成部分，其网络行为模式及信息消费习惯对社会舆论生态具有显著影响。网络热点话

题，作为网络空间中迅速聚集公众注意力、广泛传播并引发深度讨论的信息焦点，其形成与扩散速度之快，覆盖范围之广，无疑为高校思政教育提供了新的视角与切入点。大学生群体对于网络热点话题的参与度与讨论热情呈现出高涨态势，这一现象不仅反映了当代大学生对社会现象的敏锐洞察与积极参与，也揭示了他们在信息获取与表达自我观点方面的强烈需求。相较于传统思政教育模式下单向灌输、被动接受的特点，将网络热点话题融入高校思政教育，能够精准对接大学生的兴趣点与关注点，有效激发其学习主动性与探索精神。

通过将网络热点话题作为思政教育内容的鲜活素材，可以打破传统教育方式的刻板印象，使思政教育更加贴近学生生活实际，增强教学内容的时代感与吸引力。这种融合策略有助于促使学生从被动学习的传统思政教育模式下摆脱单向灌输、被动接受的特点，将网络热点话题融入高校思政教育，能够精准对接大学生的需要，因此，高校思政教育应当敏锐捕捉到这一重要机遇，充分利用大学生对网络热点话题的高度关注，采取“投其所好”的教育策略，将网络热点作为连接理论与现实、课堂与社会的桥梁，构建起一个开放、互动、高效的思政教育平台。这不仅有助于提升思政教育的针对性和实效性，还能在引导学生正确辨析网络舆论、培养理性思维能力等方面发挥积极作用，为培养具有社会责任感、创新精神和实践能力的新时代青年奠定坚实基础。

（二）网络热点话题为开展思政教育提供真实案例

网络热点话题以其鲜明的时效性与贴近生活的特性，成为连接社会现实与高校思政教育的重要纽带。这些话题往往源自近期发生的真实事件，其信息更新速度之快、传播范围之广，为思政教育提供了丰富且鲜活的现实案例库。这些案例不仅反映了社会的多元化面貌，也触及了大学生群体的关注焦点，为思政教育内容的更新与深化提供了强有力的支撑。

大学生作为网络社会中的活跃群体，对网络热点话题的关注度普遍较高，他们乐于参与讨论，表达个人观点，这一过程不仅体现了大学生对社会动态的敏锐感知，也揭示了他们在信息接收与价值观构建过程中的复杂性。值得注意的是,大学生对网络热点话题的看法呈现出多样化的特征,既有基于理性分析的正向积极评价,也不乏受情绪影响或信息误导而产生的负向消极观点。这一现象要求思想政治教师具备高度的敏感性与洞察力,能够准确捕捉学生思想动态,及时引导舆论走向。将网络热点话题引入思想政治课堂,不仅是对传统教学内容的补充,更是对教学方法与手段的革新。教师若能主动筛选具有教育意义的热点话题,结合思想政治理论进行深入剖析,适时强化其正向积极的社会影响,同时有效规避或减轻负向消极信息的干扰,将极大地提升思政教育的吸引力与感染力。这种教学策略不仅能够激发学生的学习兴趣,促进其主动学习能力的提升,还能够引导学生学会在复杂多变的信息环境中,保持独立思考,理性判断,积极参与社会讨论,形成正确的世界观、人生观和价值观。

(三)网络热点话题的时效性推动思政教育的创新

网络热点话题涵盖政治、经济、文化、社会等多个领域,不仅反映了社会发展的最新动态,也触及了公众关注的焦点问题,为思政教育内容的更新与深化提供了丰富的素材和视角。

网络热点话题的时效性要求思政教育内容必须紧跟时代步伐,保持高度的敏感性和灵活性。教师需密切关注网络空间中的热点话题,及时捕捉其背后的社会现实问题,根据话题的演变趋势和公众关注度,动态调整教育内容,甚至进行前瞻性的内容设计。这种基于热点话题的教育内容创新,不仅能够增强思政教育的时效性和针对性,还能够有效提升学生的参与度和认同感,使思政教育更加贴近学生生活实际,更具吸引力和说服力。网络热点话题的传播速度和广度对传统思政教育方式提出严峻挑战。传统的授课、说教等教育方式,在面对网络热点话题的快速传播和广泛讨论时,往往显得力不从心。因此,教师需要积极探索新的教学方法和手段,如利用网络平台进行在线互动、开展主题讨论、组织案例分析等,以适应网络热点话题的传播特点,提高教育效果。同时,教师还应注重培养学生的批判性思维和独立思考能力,引导他们在面对网络热点话题时,能够保持理性判断,避免盲目跟风或过度解读。

网络热点话题融入思政教育还需培养一批具备专业素养和创新能力的师资队伍。这些教师应具备扎实的思想政治理论基础,熟悉网络热点话题的传播规律和特点,能够巧妙地将热点话题与思政教育相结合,设计出既符合教育目标又贴近学生实际的教学内容。同时,教师还应不断提升自身的媒介素养和信息处理能力,以便更好地应对网络热点话题带来的挑战和机遇。

四、结合网络热点话题进行思政教育的策略

(一)围绕网络热点话题进行沉浸式思政教育

在信息化时代背景下,网络热点新闻以其即时性、广泛性和互动性等特点,深刻吸引着大学生的注意力,成为高校思政教育不可或缺的信息资源宝库,对塑造大学生价值观念、提升思政教育质量具有显著的导向与促进作用。因此,有效整合网络热点话题于思政教育教学之中,成为当前教育实践的重要议题。为实现这一目标,教师应采取多元化策略进行课程准备,充分利用互联网平台的广泛资源,广泛搜集与网络热点新闻相关的多元化素材,包括但不限于新闻报道、社交媒体评论、专家解读等,进而对这些资料进行系统性的归纳与分析,筛选出既具有代表性又符合思政教育目标的内容,精准转化为课堂教学素材。在此基础上,教师应创新教学方法,设计一系列以学生为中心的沉浸式学习活动,如举办围绕特定网络热点话题的辩论赛,通过正反双方的激烈交锋激发学生的批判性思维和逻辑推理能力;组织专题讲座,邀请行业专家或学者深入剖析热点背后的社会现象与价值观念,提升学生的理论素养;开展主题演讲,鼓励学生结合自身理解阐述观点,锻炼其表达能力和公众演讲技巧;以及利用情景剧表演等形式,让学生在角色扮演中体验不同立场与情感,增进同理心与道德认知。

此外,教师还可以引导学生开展针对网络热点话题的调研项目,通过实地考察、问卷调查、数据分析等手段,深入探究热点背后的社会背景、影响因素及解决路径,培养学生的社会责任感和问题解决能力。同时,鼓励并支持学生成立相关社团,围绕网络热点话题开展社会实践活动,如志愿服务、公益宣传等,将理论学习与实践行动相结合,进一步加深对社会现实的理解与认识。

通过上述多样化的情境创设与活动设计，不仅能够有效拓宽思政教育的广度与深度，使教育内容更加贴近学生生活实际，还能在轻松愉快的氛围中激发学生的参与热情，促使学生在亲身体验中深化对热点话题的理解与思考，逐步形成独立、客观、理性的是非判断标准，为构建积极向上的世界观、人生观、价值观奠定坚实基础。

（二）建立高校网络热点话题共享机制

鉴于同类型高校在教育环境、学生群体特征等方面存在的相似性，构建高校间网络热点话题教育资源的共享与合作机制显得尤为重要①。这一机制旨在通过跨校际的信息交流与资源整合，实现对网络热点话题教育引导的协同增效。具体而言，各高校可依托新闻报道、社交媒体及专业网络平台的信息传播优势，共同预判网络热点话题的潜在热度与影响力，进而组织网络宣传员、评论员队伍，形成跨校际的协作网络。在此过程中，应着重培养并遴选具有广泛影响力与正面导向作用的“意见领袖”，他们不仅能够在大学生群体中发挥信息传播的桥梁作用，还能够通过其独到的见解与评论，有效引导网络舆情向积极健康的方向发展，从而构建起一道坚实的网络舆论防线。

（三）健全高校网络热点话题监管及预警机制

网络热点话题传播的速度令人惊叹，大多数学生热衷于参与网络热点话题。当隐藏在热点话题背后的矛盾与冲突被引爆，就极易形成集群效应，成为学生管理工作中不容小觑的挑战。为有效应对网络热点话题可能引发的集群效应与挑战，需从制度层面入手，构建高校各部门间的协同工作机制，组建由专业人员构成的监管队伍，对网络热点话题进行实时跟踪与监管。同时，制定详细的操作规程，明确各部门职责，确保信息交流的畅通无阻，提高网络热点话题传递的信息质量与效率。

在机制构建的具体实施上，可从以下两方面着手：

第一，强化技术支持与信息管理。组建由党委宣传部门主导、学生骨干

---

①宋超，刘群燕.网络热点话题视域下思政教育研究[J].淮南职业技术学院学报，2023(01).

参与的监管队伍，利用先进的信息技术手段，如大数据分析、人工智能识别等，对高校内部的言论平台进行实时监测与过滤，及时删除不良信息，弘扬社会主义核心价值观。同时，加强对信息来源的定位与追踪，为大学生群体提供及时有效的思政教育、学生事务管理、就业指导等服务，增强高校思政教育的针对性和实效性。

第二，建立网络热点话题的主动引导机制。将网络热点话题的收集、整理与分析工作落实到具体部门与人员，对校园网、内部论坛、微博等社交平台进行全面监控，确保对网络热点话题的全方位掌握。在此基础上，运用科学理论与方法，如社会学、心理学等，深入剖析学生的观点与态度，揭示网络热点话题背后的社会心理与价值观念，从而有针对性地开展教育引导工作。通过举办线上线下的专题讨论、专家讲座等活动，引导学生理性看待网络热点话题，培养其独立思考与批判性思维的能力，为构建健康和谐的网络环境贡献力量。

第四节 完善互联网背景下高校思政教育监督保障机制

一、互联网背景下高校思政教育监督保障机制的要素

（一）制度保障

制度保障是监督保障机制的基础和前提。在互联网背景下，高校思政教育监督保障机制的制度保障主要包括以下方面：

第一，规章制度的制定与健全。高校需基于互联网环境的新特点，系统性地制定并不断完善思政教育监督的规章制度体系。这一体系应详尽地界定监督的主体（如学校管理层、教师、学生组织等）、客体（思政教育课程内容、教学活动、实践环节等）、监督的具体内容（教学质量、教育效果、师德师风等）、监督的方式（线上监测、线下调研、同行评审等）以及监督的程序（定期检查、随机抽查、问题反馈与处理流程等），从而确保监督工作的实施有章可循，有据可依，实现监督过程的规范化与制度化。

第二，监督职责与权限的明晰界定。在规章制度的框架下，明确各级监

督主体的职责范围与权力边界是保障监督机制高效运行的关键。这要求不仅要在制度层面细化各级监督机构的职责分工,确保监督活动既无遗漏又无重叠,同时还应赋予监督主体必要的权力,以保障其能够有效执行监督任务。此外,建立责任追究机制,对于监督过程中发现的失职渎职、违规操作等行为,依据相关规定进行严肃处理,以此强化监督的权威性与执行力,形成有效的震慑效应。

第三,监督结果反馈机制的构建。一个有效的监督保障机制,还需包含一套科学、高效的监督结果反馈机制。该机制应确保监督活动所得数据与信息能够迅速、准确地传递至相关部门及个人,以便其根据反馈内容及时调整教学策略、优化课程设置、改进教学管理等。同时,反馈机制还应包含对反馈响应情况的跟踪与评估,确保所提出的改进建议得到切实执行,形成监督—反馈—改进的良性循环,不断提升思政教育的质量与效果。

(二)技术保障

在互联网信息技术迅猛发展的当下,技术保障已成为高校思政教育监督保障机制不可或缺的重要组成部分,其不仅为监督活动的实施提供了强有力的工具支持,更是推动监督机制创新与效能提升的关键所在。具体而言,技术保障在互联网背景下高校思政教育监督保障机制中的应用,主要体现在以下方面:

第一,大数据与人工智能技术的深度融合。高校应积极探索并充分利用大数据、人工智能等前沿科技手段,构建思政教育信息平台,实现监督数据的实时采集、深度分析与高效处理。通过大数据分析,可以精准识别思政教育过程中的薄弱环节、潜在风险及发展趋势,为监督决策提供科学依据,提升监督工作的精准度与预见性。同时,人工智能技术的应用,如智能识别、预测分析等功能,能够进一步提升监督效率,实现监督活动的智能化、自动化。

第二,思政教育信息平台的构建与优化。思政教育信息平台作为技术保障的重要载体,其设计应兼顾数据采集的全面性、存储的安全性、分析的准确性以及展示的直观性。平台能够实现对思政教育全过程的实时监控与动态管理,包括课程设计、教学实施、效果评估等多个环节,确保监督工作的无死角覆盖。此外,平台还应具备强大的预警功能,通过对数据的实时监测与分析,一旦发现异常或潜在问题,能够迅速发出预警信号,为相关部门和人员提供及时、准确的预警信息,以便采取针对性措施,有效避免或减轻潜在风险。

第三,信息安全保障体系的建立健全。在利用技术手段进行监督的同时,信息安全问题不容忽视。高校应高度重视信息安全保障工作,建立健全信息安全管理体系,包括制定信息安全管理制度、加强数据加密技术研究、完善访问控制机制等,确保监督数据的安全性与保密性。此外,还应定期对信息安全系统进行检测与维护,及时发现并修复潜在的安全漏洞,防止监督数据被非法获取或滥用,保障监督机制的稳定运行与数据的安全可靠。

(三)人力资源保障

人力资源保障是监督保障机制的关键环节。在互联网背景下,高校思政教育监督保障机制的人力资源保障主要包括以下方面:

第一,配备专业的思政教育监督人员。高校应配备一支专业的思政教育监督人员队伍,他们应具备较高的政治素养、业务能力和监督水平。这些人员应熟悉思政教育的特点和规律,能够准确判断和监督思政教育的质量和效果。

第二,加强人员培训和能力提升。高校应定期对思政教育监督人员进行培训和能力提升,使他们能够适应互联网背景下思政教育的新要求和新挑战。培训内容应包括思政教育理论、监督技能、信息技术应用等方面。

第三,建立激励机制和考核机制。为了激发思政教育监督人员的工作积极性和创造力,高校应建立激励机制和考核机制。通过奖励优秀人员、惩罚失职人员等方式,形成有效的激励和约束机制。同时,还应建立考核机制,对监督人员的工作绩效进行定期评估,确保他们的工作质量和效率。

二、互联网背景下高校思政教育监督保障机制的实施

在互联网背景下,高校思政教育监督保障机制的实施策略是确保监督保障机制有效运行的关键。这些策略涵盖了建立多层次监督体系、强化监

督执行力度以及推动监督结果的反馈与应用等方面，旨在构建一个全面、高效、可持续的监督保障机制。

（一）建立多层次监督体系

建立多层次监督体系是监督保障机制实施的基础，这一体系应包括校内监督与校外监督、线上监督与线下监督等多个层面，以确保监督工作的全面性和深入性。

第一，校内监督与校外监督相结合。校内监督主要由高校内部的思政教育部门、教学质量监控部门等负责，对思政教育的全过程进行监督和评估。校外监督则可以通过邀请专家、学者、家长等外部力量，对思政教育进行独立评价和监督，以提供更全面、客观的意见和建议。通过校内与校外监督的结合，可以形成内外结合、相互促进的监督格局。

第二，线上监督与线下监督相协调。在互联网背景下，线上监督成为一种重要的监督方式。高校应利用信息技术手段，建立线上监督平台，对思政教育进行实时监控和数据分析。同时，线下监督仍然不可或缺，通过实地考察、听课评课等方式，对思政教育的实际情况进行深入了解和评估。线上与线下监督的协调配合，可以实现对思政教育全方位的监督。

（二）强化监督执行力度

强化监督执行力度是确保监督保障机制有效运行的关键。高校应采取定期检查与随机抽查相结合的方式，对思政教育的实施情况进行严格监督，并对违规行为进行严肃处理。

第一，定期检查与随机抽查相结合。定期检查可以确保思政教育的常规性和规范性，通过制定详细的检查计划和标准，对思政教育的各个环节进行逐一评估。随机抽查则具有灵活性和突发性，能够及时发现和纠正思政教育中存在的问题和隐患。通过定期检查与随机抽查相结合，可以形成对思政教育的全面监督。

第二，对违规行为进行严肃处理。对于在监督过程中发现的违规行为，高校应依法依规进行严肃处理。这包括警告、通报批评、取消评优资格等行政处分，以及追究相关人员的法律责任。严肃处理违规行为，可以形成有效的震慑和警示作用，推动思政教育的规范化和制度化。

（三）推动监督结果的反馈与应用

推动监督结果的反馈与应用是监督保障机制实施的重要目的。高校应建立监督结果反馈机制，将监督结果及时、准确地反馈给相关部门和人员，并推动监督结果在思政教育中的实际应用。

第一，建立监督结果反馈机制。高校应建立专门的监督结果反馈渠道和平台，确保监督结果能够及时、准确地传递给相关部门和人员。同时，还应建立反馈结果的跟踪和评估机制，对反馈结果的执行情况进行持续关注和评估。通过反馈机制的建立，可以确保监督结果的及时性和有效性。

第二，将监督结果纳入思政教育评价体系。高校应将监督结果作为思政教育评价体系的重要组成部分，将监督结果与思政教育的课程设计、教学实施、效果评估等环节相结合，形成完整的思政教育评价体系。通过评价体系的建立，可以实现对思政教育的全面、客观评价，推动思政教育的持续改进和提升。

参考文献

[1] 曹洪军，曹世娇.论大学生网络思政教育话语表达的独特性及效力提升[J].理论导刊，2022(03).

[2] 陈宗章.思政教育交叉学科研究的“三个自觉”[J].学校党建与思想教育，2021(01).

[3] 范俊峰，刘永香，王海霞.新时代大学生网络思政教育接受效果探析[J].高校辅导员，2022(06).

[4] 谷雨.网络舆情视角下高校思政教育实效性研究[D].成都：电子科技大学，2024.

[5] 胡俊杰，夏青.大学生网络社群失范预警机制构建及思政教育研究[J].黑龙江教育(理论与实践)，2024(05).

[6] 胡可娜，李敏.新时代大学生网络思政教育话语的困境及优化[J].重庆电子工程职业学院学报，2022(06).

[7] 纪恩焱.网络思政教育方法创新策略研究[D].南宁：南宁师范大学，2024.

[8] 李彩丽.网络育人视角下大学生思政教育路径研究[D].哈尔滨：东北农业大学，2024.

[9] 李淑娜.大学生网络思政教育接受机制研究[D].北京：中国地质大学，2021.

[10] 李向东.微课在高校思政教育教学中的应用与创新[J].现代教育科学，2018(07).

[11] 刘瑞莲，徐小雪.大学生思政教育接受机制与心理辅导研究[J].黑河学院学报，2023(08).

[12] 刘小春.高校网络思政教育引论[M].重庆：重庆大学出版社，2021.

[13] 刘真君.大学生网络思政教育的话语表达研究[D].绵阳:西南科技大学,2024.

[14] 苗东升.复杂性管窥[M].北京:知识产权出版社,2014.

[15] 宁文英.网络思政教育空间叙事研究[D].成都:电子科技大学,2024.

[16] 汤恺.论和谐社会构建与高校思政教育价值的实现[J].学校党建与思想教育(高教版),2008(7).

[17] 万是明.网络文化对大学生思政教育的影响研究[J].科学理论,2017(09).

[18] 王丽.思政教育价值结构失衡及对策探讨[J].湖北社会科学,2017(7).

[19] 王滢.接受理论视野下大学生网络思政教育创新[J].学校党建与思想教育,2022(20).

[20] 武进晔.高校网络思政教育传播过程研究[D].南京:南京工业大学,2017.

[21] 肖婷,贾廷秀.5G+VR技术下高校网络思政教育创新路径研究[J].重庆电力高等专科学校学报,2022(03).

[22] 杨婷.以红色文化为引领,做好高校思政教育[J].教育艺术,2023(4).

[23] 杨烨阳,苏果云."翻转课堂"在新时代高校思政教育中的现实挑战与优化策略[J].山西高等学校社会科学学报,2021(05).

[24] 尹大伟,高凯.网络舆情视域下高校思政教育工作实效性研究[J].吉林工程技术师范学院学报,2021(02).

[25] 岳孝娟.网络文化对大学生思政教育的影响及对策研究[J].边疆经济与文化,2019(02).

[26] 张枫.大学生网络思政教育接受内涵与特征[J].黑河学院学报,2018,9(11).

[27] 张可.大学生网络思政教育话语权所面临的挑战与对策[J].太原城市职业技术学院学报,2019(02).

[28] 张梦圆.网络思政教育方法的集成优化研究[D].南京:南京邮电大学,2024.

[29] 张震环.教师主体性与高校思政教育价值实现[J].继续教育研究,2012(8).

[30] 周丹.提升高校思政教育网络传播力的途径探索[J].国际公关,2019(12).

[31] 郝保权.习近平网络战略思想论析[J].理论探索,2017(06).

[32] 段诗云.资源整合视角下高校网络思政教育联动机制研究[J].教育现代化,2017(16).

[33] 邱景怡.民办高校思政教育队伍建设[D].武汉:武汉理工大学,2014.

[34] 宋超,刘群燕.网络热点话题视域下思政教育研究[J].淮南职业技术学院学报,2023(01).

[35] 夏开武.基于互联网时代的高校思政教育创新研究[J].鄂州大学学报,2024(03).

[36] 孙静静,王忆南."互联网+"背景下高校思政教育策略研究[J].常州信息职业技术学院学报,2023(06).